감수

허구연

KBO 야구발전실행위원장

안희남

㈜문화방송 스포츠PD

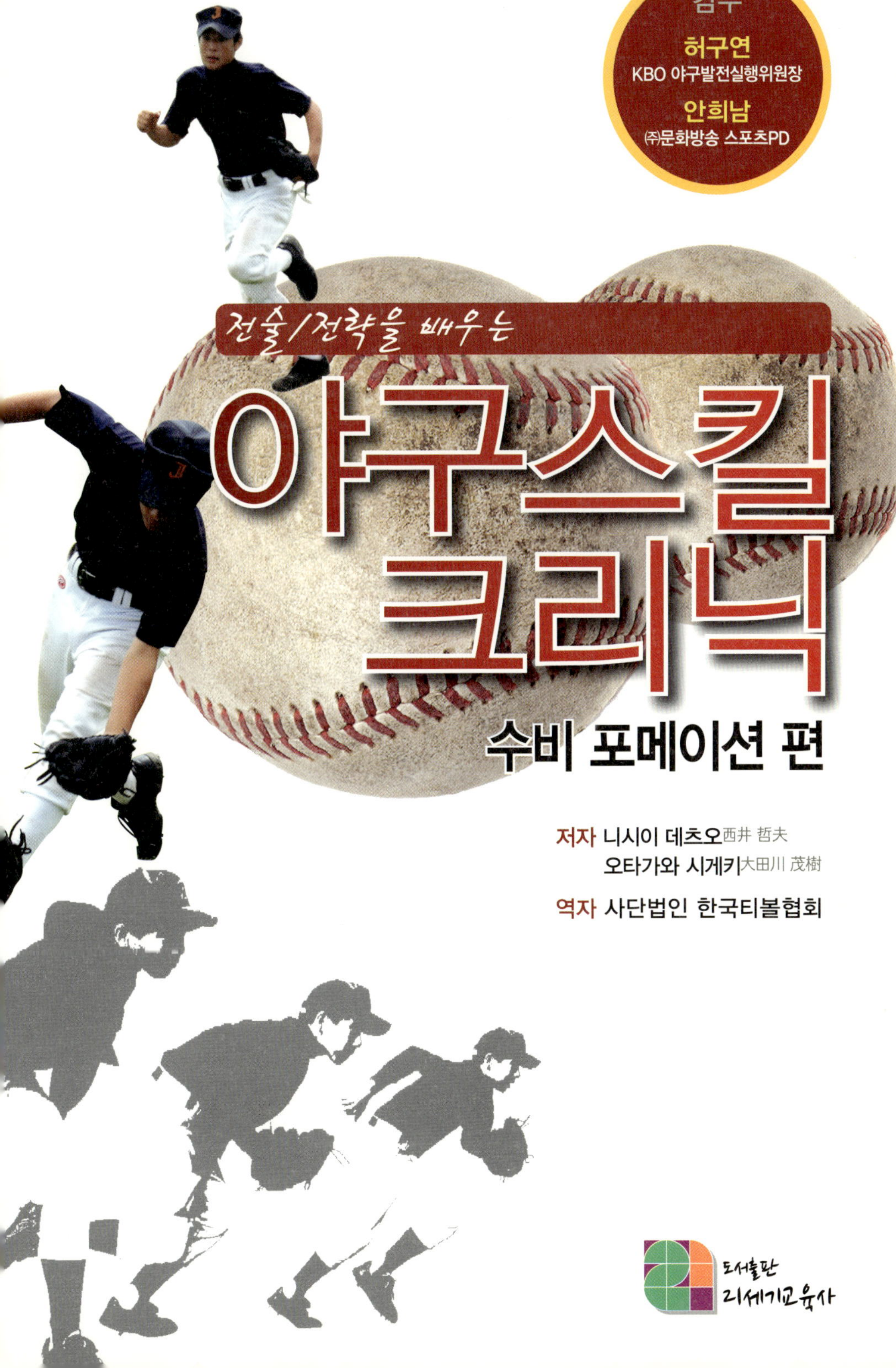

전술/전략을 배우는

야구스킬 크리닉

수비 포메이션 편

저자 니시이 데츠오西井 哲夫

오타가와 시게키大田川 茂樹

역자 사단법인 한국티볼협회

도서출판 21세기교육사

한국어판 출판에 즈음하여

한국어판 출판을 진심으로 축하합니다.

야구 기술 포메이션편(일본어판)은 2007년 일본에서 발행된 이후 많은 야구 팬들로부터 인정받게 되어, 2011년에는 3판을 출판하게 되었습니다.

본서는 리틀야구는 물론고교 야구팀의 감독, 코치, 선수들에게 널리 읽혀지는 야구의 바이블이 되었습니다.

야구의 수비는 득점을 주지 않기 위하여 하나의 플레이에 대해서 9명 전원이 대응하여 다음 플레이에 대비합니다.

본서에서는 각각의 수비태세를 상세하게 해설하고 있기 때문에, 일본의 대부분의 야구팀이 본서을 읽고 연습경기 혹은 실전경기에도입하여 지금까지 제대로 실천되어 않았던 커버링을 할 수 있게 되었습니다.

일본 야구의 수준을 향상시키는 데 기여한 도서라고 해도 과언이 아니라고 생각합니다.

한국에서 본서가 번역 출판되는 것은, 매우 기쁜 일입니다.

최근, 한국과 일본의 야구 수준이 매우 향상되어, 양국 모두 세계적으로 우수한 야구 대국이 되었습니다.

본서가, 한국의 많은 야구 팬에게 읽혀져 한국 야구계 발전에 일조할 수 있게 된다면 커다란 영광이라고 생각합니다.

주식회사 카지사 대표이사

오타가와 시게키大田川 茂樹

역자 서문

이 책은 일본 프로야구팀 야구르트 스왈로즈의 명투수로 활약했던 니시이 테츠오西井 哲夫씨와 코시엔甲子園 출전의 경험을 가진 오타가와 시게키大田川茂樹 카지舵출판사 사장의 야구에 대한 열정과 오랜 선수생활을 통해 풍부한 실전 경험이 만들어낸 작품이다.

사단법인 한국티볼협회는 야구의 씨앗이라고 할 수 있는 티볼의 국내 보급에 최일선을 담당하는 단체로서 초·중등학교에 체육정규과목에 티볼을 포함시키는 등 그간 한국티볼의 발전과 융성을 위해 각고의 노력을 기울여왔다.

티볼 보급에 주력하는 본 협회가 이번에 야구의 수비 포메이션에 운용에 도움을 줄 수 있는 본서를 국역한 이유는 티볼에 대한 사랑이 기존 야구에 대한 사랑과 다르지 않음이기 때문이라는 것에 대해 본서를 읽는 독자 제현諸賢의 혜량을 바란다.

어떤 형태이던지 하나의 결과물을 선보일 때에는 설레임이 앞서겠지만 본 협회는 그것보다는 본서의 번역과정에서의 오역으로 인해 본서를 통해 이해를 얻고자하는 분들에게 본의아닌 오해를 주지 않을까 하는 걱정이 앞선다.

하지만 도전이라는 값진 시도試圖 없이는 그 어떠한 것도 얻을 수가 없기에 이번에 과감히 본서의 한국어판을 선보이도록 한다. 많은 독자 제현의 아낌없는 질정叱正과 격려를 엎드려 청하는 바이다.

한 단어 한 단어 꼼꼼하게 번역의 완성도를 높여주신 본 협회 국제이사인 황의룡 박사와 그 내용의 이해를 더 높이기 위하여 보다 알기 쉬운 해설과 팁을 제공해 준 본 협회 전문지도자 홍은정 선생께 깊은 감사를 드린다.

또한 현재의 매우 어려운 출판계의 현실임에도 불구하고 본서가 국내에 선보일 수 있도록 배려해 주신 21세기교육사 이원길 대표님과 수없이 많은 교정과 편집과정에서도 항상 웃음으로 대응해 주신 이경화 실장님께 진심으로 감사드리는 바이다.

사단법인 한국티볼협회

감수자의 글

이 책은 이미 일본에서 2007년에 발행된 이후 3판을 출판할 정도로 야구인 및 야구팬들로부터 그 진가를 인정받은 책으로, 이번 한국어판 출간에 본인이 감수를 맞게 되어 더없이 기쁘면서 또한 책임감도 막중함을 먼저 밝히고 싶다.

2012년, 한국의 프로야구는 관중수 700만을 돌파함으로써 명실 공히 한국의 최고 인기종목 중 하나로 자리매김하고 있다.

이와 같은 야구에 대한 높은 관심은, 관중들에게 보다 수준 높은 플레이를 선보여야 함은 물론, 관중들이 더 이상 관람석에만 안주하지 않고 자신들이 몸소 열광하던 플레이를 체험해 보고자 하는 것이다. 최근 급속도로 늘어나고 있는 야구 동호회가 그 방증傍證이라 할 수 있다.

이 책은 야구경기를 진행할 때 수비 포메이션이 어떻게 하면 보다 효과적으로 대응할 수 있을 것인가를 실제 상황별로 저술한 것이다. 야구경기를 단순히 도식화하면 투수가 던지고 타자는 치는 것으로 구성되어 있지만, 실전에서 그 경기에 승리하기 위해서는 그라운드에서의 작전이 알파와 오메가라 할 수 있다. 이 책은 그라운드에서의 플레이 중 수비 팀이 감당해야 할 내용 위주로 구성되어 있다.

야구경기는 천태만상의 변화로 인하여 모든 상황을 다 문서화하여 교육하기란 매우 어려운 과제이다. 때문에 이 책은 일정한 패턴을 중심으로 하여 해설하고 있다. 특히, 빈번히 일어날 수 있는 상황에 대한 기본적 수행 요령에 관하여 기술해 놓았기 때문에 상황을 음미하면서 읽어간다면 이 책에서 언급된 내용 또 다른 상황에 대해서도 적절하게 응용할 수 있으리라 판단된다.

아무쪼록 이 책이 야구를 사랑하는 모든 이들에게 많은 도움을 주었으면 하는 바램과 야구의 씨앗인 티볼 보급을 위해 노력하면서 이 책을 발간하게 된 사단법인 한국티볼협회의 노고에 찬사를 보낸다.

한국야구위원회(KBO) 야구발전실행위원장

허구연

추천의 글

야구를 좋아하는 사람이라면 1982년 9월 14일을 기억하는 이들이 많다. 1905년 질레트 선교사에 의해 이 땅에 야구가 처음 소개된 이래 첫 국제대회(세계선수권대회)가 우리나라에서 열렸고, 결승전 일본과의 경기는 우리나라가 국제대회에서 우승을 했다는 결과보다 그 과정에서 연출된 극적인 장면들이 아직 우리 기억에 생생하게 남아있다. 김재박 선수의 개구리 번트가 그랬고, 한대화의 역전 홈런이 그랬고, 대회 최우수선수가 된 선동렬 투수의 빛나는 호투好投도 마찬가지였다. 하지만 자동차가 다니기도 전인 1870년대 시작된 미국 프로야구와 1930년대 시작된 일본 프로야구를 우리가 이길 수 있으리라는 생각은 언감생심焉敢生心이었던 것이 사실이다.

그러나 우리나라 야구는 짧은 기간 많은 일을 해냈다. 1990년대 후반 박찬호 선수가 메이저리그에 진출하여 세계 야구의 중심지를 호령號令했고, WBC에서는 일본을 연파連破했으며, 2008년 베이징올림픽에서는 미국, 쿠바 등을 연달아 물리치고 금메달을 목에 거는 쾌거快擧를 이룩했다. 2012년에는 프로야구 연간 관중수가 700만 명을 돌파하고, 올해는 9개 구단이 리그를 벌이게 되는 등 우리 야구는 바야흐로 르네상스를 맞고 있다.

누군가는 야구를 인생에 비유할 만큼, 야구 경기에는 다양한 상황이 벌어지는데, 이 책은 수많은 상황들을 수비자의 입장에서 어떠한 개념으로 접근해야할지 잘 보여주고 있다. 티볼이 야구의 축소판縮小版이며 훌륭한 훈련장訓鍊場이 될 수 있음 또한 잘 알게 해 준다.

이 책을 통하여 더욱 많은 이들이 야구에 대한 (특히 수비에 대한) 이해를 높이고, 몸소 즐겁게 체험할 수 있는 장이 많아지며, 그 체험이 얼마나 호습한 경험이 될지 알게 되기를 바란다. 그 하나하나의 경험들이 모아져 우리나라 야구가 무한히 발전하는 데에 이 책이 연석보천鍊石補天의 공헌을 하게 되리라 믿는다. 또한 이 책을 보게 될 야구 꿈나무들이 앞으로 우리나라 야구계를 이끌어 갈 동량棟梁들로 자라게 되기를 야구를 사랑하고 스포츠업계에 수년 간 몸담아온 사람으로서 간절히 바라면서 이 책의 추천사를 갈무리하고자 한다.

㈜문화방송 스포츠PD

안 희 남

CONTENTS

야구기술 포메이션편

01 주자가 없을 때

02 주자가 1루에 있을 때

03 주자가 2루에 있을 때

04 주자가 3루에 있을 때

05

주자가 1, 2루 일 때

06

주자가 1, 3루 일 때

07

주자가 2, 3루 일 때

08

주자가 만루 일 때

01 1/7

주자가 없을 때

투수 앞 땅볼

빠른 타구는 앞에 떨어뜨린다. 내야수의 커버 플레이가 투구를 돕게 된다.

내야수는 타자를 맞고 굴러오는 볼에 재빠르게 대응.

투수는 다른 야수들보다 수비를 해야 할 경우가 굉장히 많다. 투수 앞의 땅볼이나 중견수 쪽으로 빠져나갈 것 같은 강한 타구 등, 거의 모든 타구가 투수 쪽으로 날아온다. 그러한 타구가 맞고 튀어나가거나 떨어뜨리는 경우가 있다. 3루수와 유격수, 2루수가 재빠르게 커버링함으로써 타자를 아웃시킬 수 있고, 위기를 미연에 방지할 수 있다.

내야수는 투수 앞 땅볼을 커버하는 것은 물론 굴러오는 타구에 재빠르게 반응하는 것이 중요하다.

유격수와 **2루수, 중견수**는 타구 처리를 커버한다.

3루수는 앞으로 전진하여 굴러오는 타구에 대비한다.

우익수와 **포수**는 1루 송구의 커버를 한다. 특히 우익수는 투수의 1루 송구가 뒤로 빠져도 타자에게 진루를 허용하지 않는 위치까지 이동한다.

좌익수는 투수의 1루 송구가 뒤로 빠져 우익수로부터 2루로 송구할 때 커버 플레이에 유의한다.

이와 같이 하나의 타구에 대해 앞을 내다보고, 전원이 같이 움직여 다음 플레이에 대비한다. 몇백 번에 한 번 정도밖에 일어나지 않는 플레이에 대비하는 것이 승부에서 이길 수 있는 매우 중요한 요소 중의 하나이다.

유격수, 2루수, 중견수는 타구처리를 커버한다. 3루수는 굴러오는 타구에 대비한다.

타구	투구, 송구	송구2	야수의움직임	주자의움직임

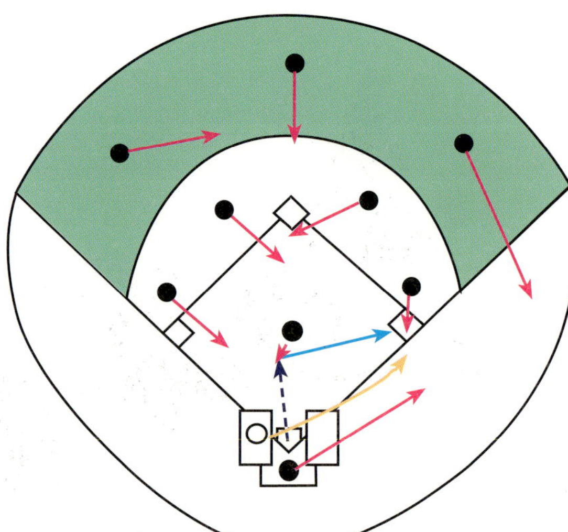

포수 앞 땅볼

우익수, 2루수의 재빠른 커버링이 타자 주자의 진루를 막을 수 있다.

우익수, 2루수의 1루 커버가 특히 중요하다.

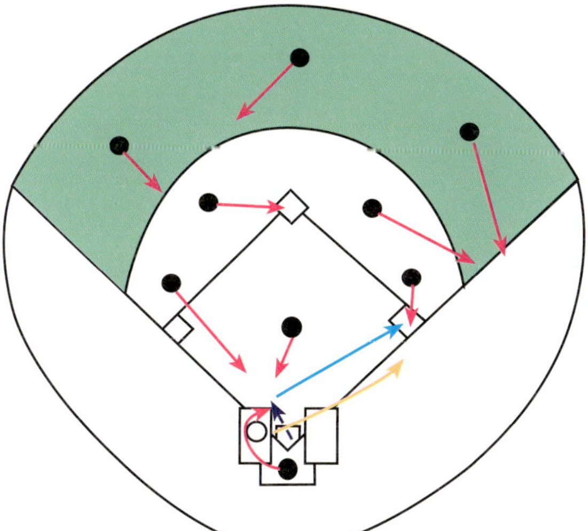

좌익수는 커버플레이에 늦지 않도록 하는 것이 중요.

포수, 투수, 3루수가 타구처리에 가담.

우익수, 2루수는 1루 송구를 커버하러 감.

유격수는 2루 베이스로 감.

중견수와 **좌익수**는 포수의 송구가 뒤로 빠져 커버하러 간 2루수 또는 우익수가 볼을 잡아 2루에 송구하는 것을 가정하여 그쪽을 커버한다.

포수 앞 땅볼이 1루 선상일 때 투수, 포수가 타구를 처리한다. 1루수도 타구를 처리하러 갔을 경우에 2루수가 1루 베이스로 달려가 커버한다.

1루수는 주자와 부딪치지 않게 안쪽에서 준비한다.

포수는 안쪽으로 준비한 1루수에 송구한다.

1루 송구를 커버하는 우익수.

01 2/7

주자가 없을 때

1루수 앞 땅볼

왼쪽 방향으로 타구가 날아오면 투수는 1루로 스타트한다.

투수는 왼쪽 방향으로 날아온 타구에 대해 1루로 재빨리 달려감으로써 플레이에 여유를 가질 수 있다.

1루수는 1-2루 사이에서 잡을 수 있는 볼은 적극적으로 잡으러 나간다.

1루수가 타구처리를 했을 때 1루 커버에는 **투수**가 들어간다. 1루수가 잡았거나 2루수, 또는 우익수 앞의 땅볼이 되었어도 투수가 1루에 들어간다.

1루수가 잡아서 베이스 커버한 투수에게 던지는 플레이는 타이밍이 맞지 않으면 잡지 못하거나 베이스를 밟지 못하거나 하는 일이 벌어지기 때문에 완벽하게 처리할 수 있도록 계속해서 연습해 둔다.

우익수는 1루수의 타구처리를 커버하러 갔을 때 1루수의 포구를 확인하고 송구커버에 들어간다.

포수는 1루수로부터 투수에게 송구하는 커버에 들어간다.

2루수는 타구처리 또는 타구처리 커버에 들어간다.

유격수는 2루 베이스로 들어간다.

좌익수와 **중견수**는 1루수로부터 1루 베이스 커버에 들어간 투수의 볼이 악송구가 되었을 때 2루에 커버하러 들어간다.

1루수는 자신이 볼을 잡아 직접 1루로 달려갈 때 투수에게 오지 말라는 사인을 하고 들어간다.

포구한 1루수가 투수의 베이스커버를 저지하고 자신이 직접 들어간다.

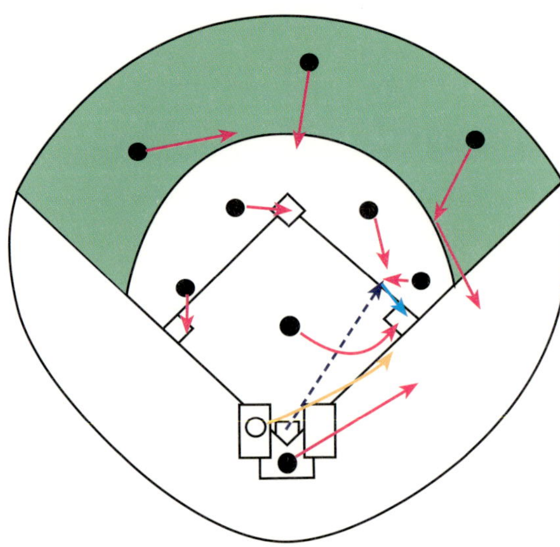

2루수 앞 땅볼

좌익수와 중견수는 2루수 커버를 한다. 1루 송구의 커버는 포수의 역할.

포수의 1루 송구 커버가 매우 중요하다.

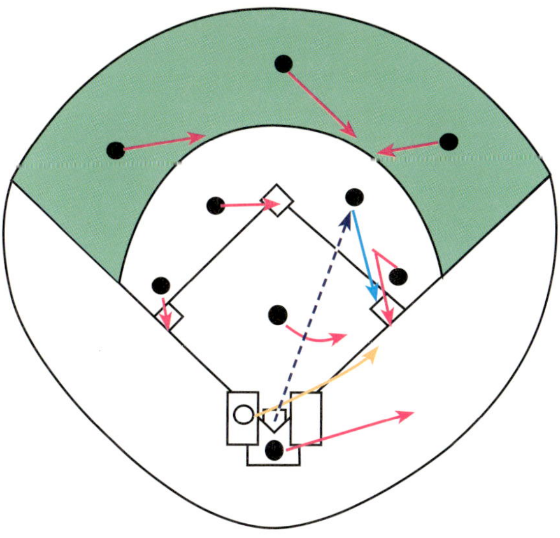

포수는 2루수의 1루 송구에 대해 거리를 두고 커버하러 들어간다.

2루수가 확실하게 타구를 처리하여 1루로 송구한다.

우익수와 **중견수**는 2루수의 타구처리에 커버하러 들어간다,

포수는 오른쪽 방향으로 스타트한다.

포수는 2루수로부터 1루수에게 송구하는 볼에 대해 커버를 들어간다. 1루수와의 거리가 가까우면 악송구에 대응할 수 없게 된다. 송구의 라인상과 거리를 두고 어떤 악송구에도 대응할 수 있는 태세를 가진다.

유격수는 2루 베이스로 들어간다. **좌익수**는 다음 플레이에 대비하여 2루 베이스를 커버한다.

2루수는 확실하게 포구해 1루에 송구

포수의 커버플레이는 송구하는 라인상 거리를 둔다.

우익수는 2루수의 타구처리를 커버한다.

01 3/7

주자가 없을 때

3루수 앞 땅볼

유격수와 좌익수가 타구를 커버한다. 우익수, 2루수, 포수가 송구를 커버한다.

3루수는 볼의 우측으로부터 돌아 들어와 타구를 처리

3루 선상의 굴러오는 볼을 잡는 것이 어렵기 때문에 악송구가 되기 쉽다.

3루 땅볼의 커버는 **유격수**와 **좌익수**가 담당. 1루 송구의 커버에는 **우익수, 2루수, 포수**가 담당한다. 3루 선상의 땅볼은 체중이동이 어렵기 때문에 악송구를 하기 쉽다. 우익수는 어떤 악송구에도 대응할 수 있는 위치에서 커버한다. 포수는 1루수가 홈 쪽으로의 볼을 놓치면 재빠르게 대응할 수 있는 위치에서 커버한다.

중견수는 다음의 플레이에 대비하여 2루 베이스를 커버한다.

유격수는 3루수의 타구 처리를 확인하면 3루수를 커버한 후에 2루로 되돌아온다.

3루 앞 땅볼은 송구 각도가 넓기 때문에 우익수는 전력으로 달려가 커버한다.

우익수는 3루수와 1루수의 일직선상으로 뛰어간다. 악송구가 되어도 대응할수 있도록 거리를 둔다.

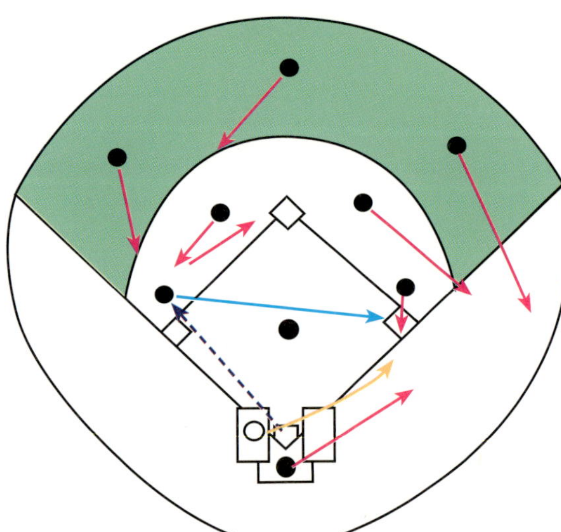

유격수 앞 땅볼

좌익수와 중견수는 타구를 커버한다. 1루 송구의 커버는 우익수와 포수.

1루 송구 커버에 들어가는 우익수

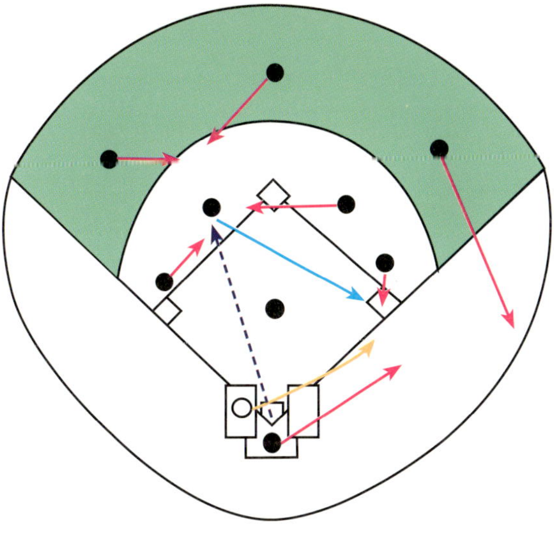

재빠른 커버링은 아주 좋은 플레이.

3루로 가는 땅볼은 **유격수, 3루수, 좌익수**가 타구를 쫓아간다.

2루로 가는 땅볼은 **유격수, 2루수, 중견수**가 타구를 쫓아간다.

유격수 정면으로 가는 땅볼은 **유격수, 좌익수, 중견수**가 타구를 쫓아간다.

1루수는 1루 베이스로 들어간다.

우익수, 포수는 1루 베이스 커버를 들어간다.

2루수는 2루 베이스로 들어간다.

중견수, 좌익수는 유격수로부터 1루 송구가 악송구 되었을때를 대비하여 2루 베이스 커버로 들어간다.

타구 처리에 들어가는 유격수

1루 송구 커버에 들어가는 포수

1루수의 포구를 확인하는 포수

01 4/7

주자가 없을 때

좌익 선상 안타

좌익수는 송구방향을 향하여 달려가서 포구한다. 타자 주자의 2루 진루를 허용하지 않는다.

유격수는 2루 송구의 일직선상으로 들어가서 볼을 쫓는다.

좌익 선상의 안타는 2루타가 되기 쉽다. 좌익수가 쫓아가 타구가 빠져 나가지 않도록 하는 것과 중계 플레이의 유격수가 송구의 일직선상에 빠르게 이동하여 최단거리에서 볼을 던져줌으로써 2루타를 단타로 만들 수 있다.

좌익수는 송구방향으로 돌아가 타구를 쫓고 **중계 플레이**로 볼을 송구한다. 중견수는 좌익수에게 접근하여 송구를 지시한다.

유격수는 2루 송구의 일직선상으로 이동, 중계 플레이를 한다.

2루수는 2루 베이스로 들어간다.

3루수는 3루 베이스로 들어간다.

1루수는 타자 주자의 1루를 밟았는지 확인한다. 밟지 않았다면 주자의 뒤를 쫓아 2루로 달려간다.

우익수는 2루 송구를 커버한다.

포수는 앞으로 나와 전체를 지휘한다.

포수는 주자가 루를 밟지 않았다면 커버하러 들어간다.

좌익수에게 접근한 중견수(좌)와 베이스로 들어가는 2루수

유격수는 2루 송구의 중계 플레이 지점으로 빨리 들어간다.

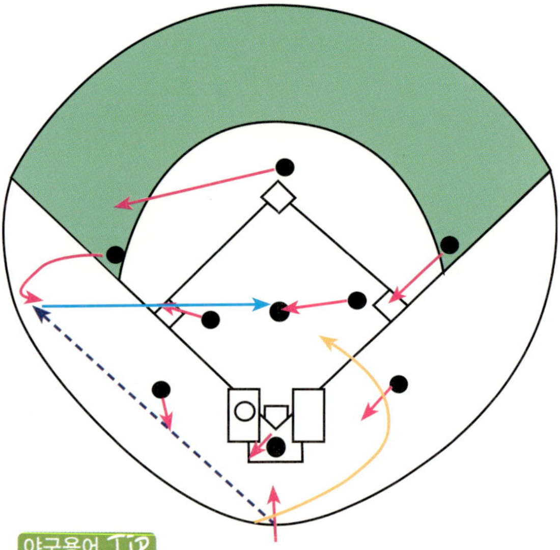

야구용어 Tip

중계 플레이 외야에서 주자의 진루를 막기위해 홈 플레이트나, 3루로 공을 송구할때 중간에 다른 수비수가 공을 잡아 연결하는 것을 말한다(릴레이 플레이라고도 한다.)

좌익수 앞 안타

좌익수는 허리를 낮추고 확실하게 포구한다. 중계 플레이는 유격수에게 정확히 송구한다.

타구의 정면으로 들어가 확실하게 포구, 2루 중계플레이의 유격수에게 송구하는 좌익수

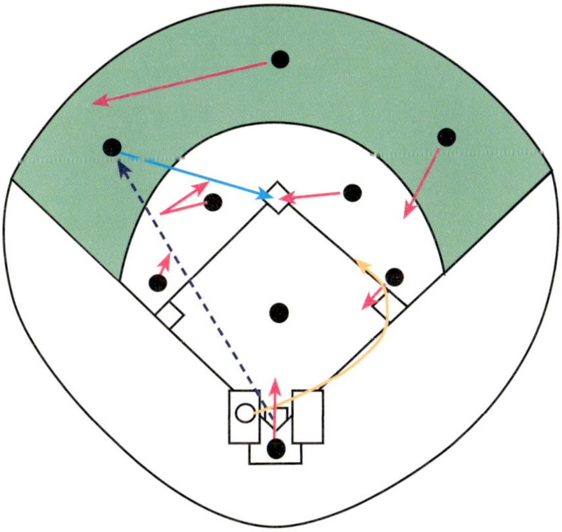

평범한 안타에도 중견수는 전력을 다해 커버한다.

안타이기 때문에 타자가 1루에 살아나가는 것은 어쩔 수 없다. 어떤 일이 일어나도 타자주자를 2루에 진루시키지 않도록 노력한다.

좌익수는 타구의 정면에서 허리를 낮추고 정확하게 포구하여 중계 플레이하는 유격수에게 송구한다.

중견수는 좌익수를 커버하러 간다. 야구는 어떤 일이 벌어질지 모르기 때문이다. 불규칙바운드로 볼이 뒤로 빠지는 경우를 생각해서 커버한다.

2루수는 2루 베이스로 들어간다.

유격수는 중계 플레이를 한다.

우익수는 2루 송구를 커버하러 들어간다.

좌익수의 포구를 커버하는 중견수

크게 돌아들어가 좌익수 후방로

중계 플레이한 볼은 쥐고 있는 유격수.

01 5/7 주자가 없을 때

좌중간 2루타

3루타로 만들어주지 않는다. 2루 송구, 또는 3루 송구를 결정함으로써 유격수나 2루수의 움직임이 바뀐다.

2루로 송구할까, 3루로 송구할까를 재빨리 판단한다.

타자의 위치나 타자주자의 스피드에 의해 어디로 송구할 것인가가 결정된다. 어디로 송구할 것인가에 의해 유격수와 2루수의 움직임도 바뀐다. 판단이 늦어지면 최단거리에서 볼을 송구할 수 없어 상대에게 여유로운 진루를 허용하는 결과를 가져다준다. 재빠른 판단으로 일직선상으로 중계플레이어가 이동하여 최단시간에 송구하여 타자주자의 진루를 막아야 한다.

좌중간 2루타는 오른손잡이인 경우에는 중견수가 처리하는 것이 빠르게 송구할 수 있다. 어느 쪽이 잡아도 똑같다면 중견수에게 맡기는 것이 좋다.

좌익수, 중견수가 타구를 처리하러 간다. **유격수**가 중계 플레이한다. **2루수**는 2루 베이스로 들어간다. 3루라면 유격수를 커버하러 간다.

3루수는 3루 베이스로 들어간다.

1루수는 타자주자의 1루 베이스 통과를 확인한 후에 타자주자의 뒤를 따라 2루 쪽으로 달려간다.

우익수는 2루로 송구되는 볼을 커버하러 간다. 3루로 던지게 된다면 2루와 3루 간의 **협공**을 대비하여 2루 베이스 쪽으로 이동한다.

투수는 3루 송구를 커버하러 간다.

포수는 앞으로 나와 야수 전원에게 지시한다.

좌익수가 타구를 처리하고 중계 플레이의 유격수에게 송구. 유격수 커버에 들어가는 2루수

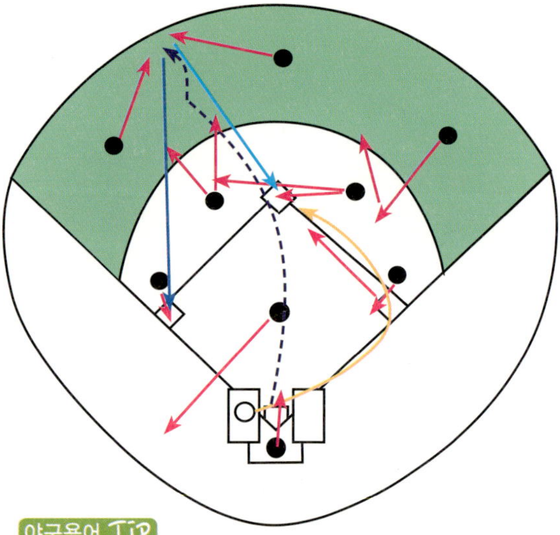

야구용어 Tip

협공 루와 루사이에 있는 주자를 몰아 아웃시키는 일(런다운 플레이라고도 한다).

중견수 앞 안타

허리를 낮추고 정확하게 포구. 절대로 뒤로 빠뜨려서는 안된다.

중견수는 타구를 쫓고, 커버를 들어가는 좌익수

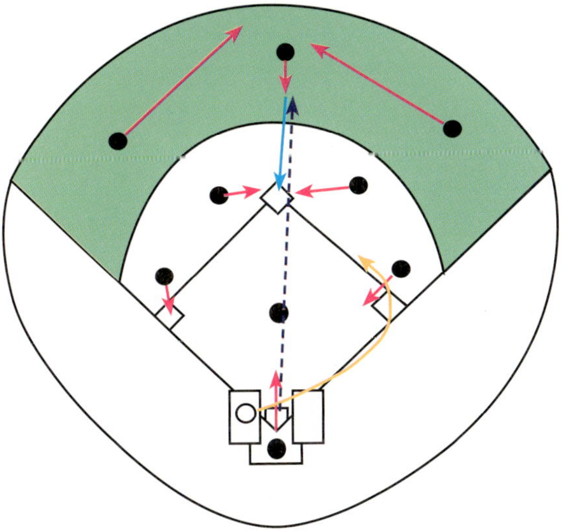

우익수, 좌익수가 중견수의 타구 처리를 커버.

주자없는 상황에서 중견수 앞 안타는 중견수가 허리를 낮추고 정확하게 포구하여 확실히 2루수에게 송구한다.

유격수, 2루수, 중견수가 타구를 쫓아간다. 중앙으로 빠졌다면 유격수나 2루수의 가까운 쪽이 2루 베이스를 커버한다.

우익수, 좌익수가 중견수의 타구처리를 커버하러 간다. 이 커버 플레이를 게을리하면 안된다.

중견수가 타구 처리

중견수의 커버에 들어가는 우익수

중견수 커버에 들어가는 좌익수

01 6/7

주자가 없을 때

우중간 안타

우중간 안타는 송구하기 쉬운 우익수가 포구하는 것이 좋다. 재빠르게 송구하여 안타로 막는 것이 좋다.

중견수와 우익수가 재빠르게 쫓아가 처리한다.

중견수와 **우익수** 중에 재빠르게 타구를 쫓아간 사람이 타구를 처리하고 다른 사람은 주위에서 커버한다. 양쪽이 처리하기 쉬운 볼이라면 우익수가 포구한 후 재빠르게 송구하는 것이 좋다.

이러한 경우는 2루타로 만들어 주지 않도록 재빠르게 타구를 쫓아가 중계 플레이를 하는 2루수에게 송구한다.

2루수는 송구를 빠뜨리지 않도록 2루 베이스와 일직선상에 위치하여 볼을 기다린다.

유격수는 2루 베이스로 들어간다.

3루수는 3루 베이스로 들어간다.

1루수는 타자주자가 베이스를 밟는지 확인한다.

좌익수와 **투수**는 다음 플레이에 대비하여 3루 베이스를 커버하러 간다.

포수는 앞으로 전진하여 전체에게 지시한다.

2루수가 중계 플레이

우익수 커버에 들어가는 중견수

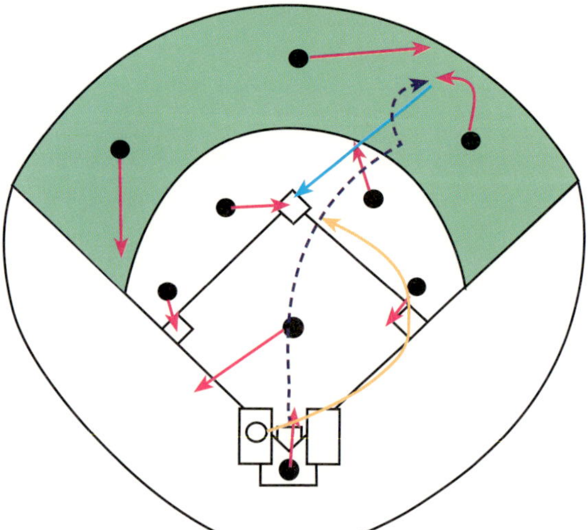

우중간으로 빠지는 2루타

3루 송구. 2루타로 만든다. 중계 플레이는 2루수와 유격수가 필요하다.

중견수가 타구처리, 2루수가 제1 중계 플레이 위치로 간다.

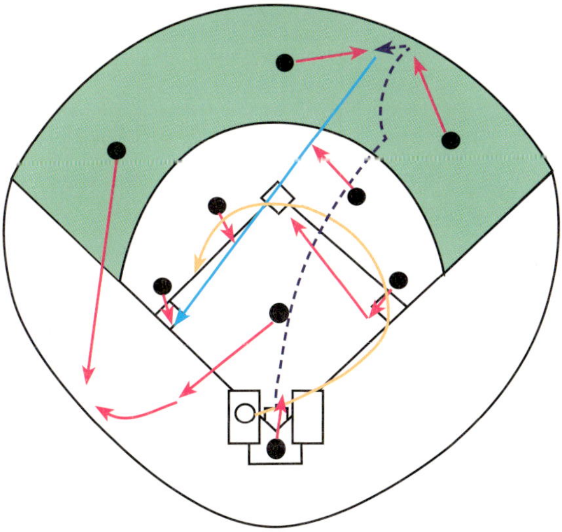

우중간으로 볼이 빠지면 거의 2루타가 된다. 3루타가 되지 않도록 3루로 송구.

중견수, **우익수**가 타구를 처리한다.

2루수가 제1 중계 플레이가 되고 **유격수**가 제2 중계자가 되도록 이동한다. **좌익수**와 **투수**는 3루 베이스를 커버하러 간다.

1루수는 타자주자가 베이스를 밟았는지 확인하고 주자의 뒤를 따라 2루로 달려간다.

포수는 앞으로 전진하여 송구를 지시한다.

외야수로부터 3루수까지의 일직선상에서 중계 플레이를 하는 것이 중요하다.

제2 중계 플레이의 유격수

3루 베이스 커버에 들어가는 좌익수

타자 주자를 따라 2루 베이스 커버에 들어가는 1루수

01 7/7

주자가 없을 때

우익수 앞 안타

확실하게 포구한다. 단 우익수 앞 땅볼도 있기 때문에 적극적으로 노린다. 포수의 커버 플레이가 중요.

안타라고 안이하게 생각하지 말자. 우익수 앞 땅볼도 있다.

우익수 앞의 타구는 안타라고 생각하지 말고 적극적으로 아웃을 노린다. 단 쓸데없는 플레이는 좋지 않다. 적극적으로 앞으로 달려나와 몸 주심에서 포구하여 그 힘으로 1루에 송구한다. 늦었다고 생각했을 때에는 무리하게 송구하지 말고 중계 플레이어인 2루수에게 정확하게 던져준다.

1루수, 2루수, 우익수가 타구를 처리한다.

1루 베이스에는 **1루수**가 들어간다. 들어갈 수 없을 때에는 **투수**가 들어간다.

2루수는 볼이 빠질 경우를 대비하여 2루수는 중계위치로 이동한다.

유격수가 2루 베이스로 들어간다.

포수는 우익수로부터 1루로 송구되는 볼에 대한 커버. 우익수와 1루수, 포수는 일직선상으로 거리를 두고 선다.

좌익수는 우익수로부터의 1루 송구가 악송구 되었을 때를 대비하여 2루 베이스를 커버하러 간다.

좌익수는 앞으로 전진하면서 몸의 중심을 낮추어 포구, 그 힘을 살려 1루에 송구

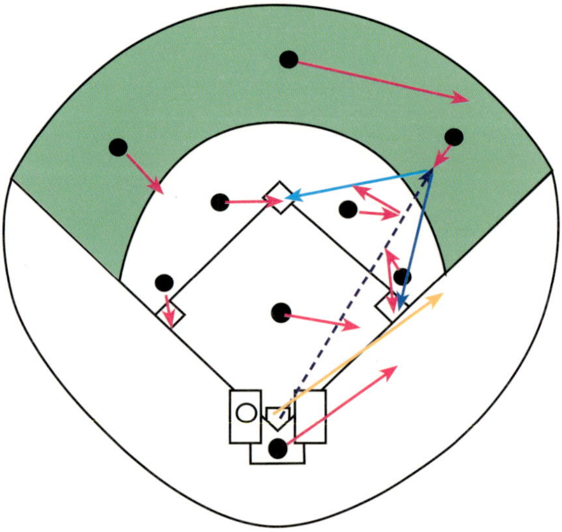

1루 베이스 커버에 들어간 투수

우익 선상 안타

좌측으로 살짝 돌아서 볼을 쫓고 중계 플레이어인 2루수에게 정확히 송구.

우익 선상의 볼을 쫓는 우익수

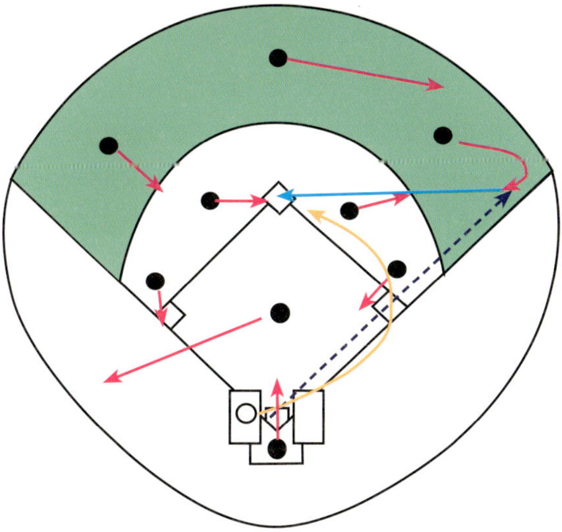

우익 선상을 빠져나가는 볼이라면 장타가 되기 쉽다.

우익 선상의 타구는 살짝 돌아서 달려가 뒤로 빠지지 않도록 하는 게 중요하다.

우익수가 돌아서 달려가 타구를 처리한다.

2루수가 2루로 중계하기 위해 중계자가 되도록 위치로 달려간다.

유격수는 2루 베이스로 들어간다.

3루수는 3루 베이스로 들어간다.

1루수는 타자주자가 베이스를 제대로 밟는지 확인한다.

좌익수는 2루 베이스를 커버한다.

투수는 3루 베이스를 커버한다.

포수는 앞으로 나와 전체에게 지시한다.

우익수가 뒤로 빠뜨리면 **2루수**와 **유격수**는 3루로 중계하기 위한 중계 플레이 자리로 이동한다.

1루수는 타자주자의 뒤를 따라 2루 베이스 쪽으로 간다.

좌익수는 3루 베이스를 커버하러 간다.

중계 플레이하는 2루수

3루 베이스 커버하러 가는 투수

02 1/10

주자가 1루에 있을 때

중간 수비의 기본형

내야는 더블플레이 태세. 외야는 깊게 뒤로 물러나 수비하여 1루 주자를 홈까지 가지 못하게 한다.

내야 땅볼을 치게 하여 위기를 넘겨 보자.

1사, 주자 1루는 거의가 타격을 한다. 투수는 낮은 볼을 던져 오른쪽 방향의 내야땅볼을 유도한다.

내야는 더블플레이 태세를 취하고 외야는 1루 주자가 홈까지 가지 못하도록 깊게 수비한다. 중간 수비의 기본형을 정확히 연습해 두자.

1루수는 주자가 리드를 하지 못하도록 1루 베이스에서 견제구를 기다린다.

2루수와 **유격수**는 더블플레이를 하기 위해 2루 베이스 옆에서 수비한다.

1~2루 간과 유격수~3루 간이 크게 비어 있기 때문에 1루수, 3루수는 타구를 적극적으로 잡으러 가는 것이 중요하다.

외야수는 깊게 수비하여 좌중간과 우중간을 좁혀서 수비한다.

2루 베이스에 가깝게 수비하는 유격수. 깊은 수비의 중견수

2루수도 베이스와 가깝게 수비하여 더블 플레이 태세를 갖춘다.

타구	투구, 송구	송구2	야수의움직임	주자의움직임

중간수비의 기본형(1사, 주자 1루)

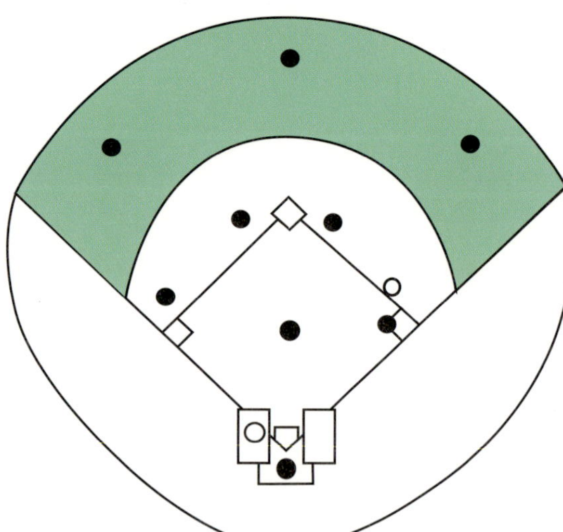

번트 수비의 기본형

외야는 정위치보다 앞으로 전진. 번트를 대주어 아웃 카운트를 늘려간다.

2루수가 1루 베이스에

번트수비의 기본형 투수 땅볼(무사, 주자 1루)

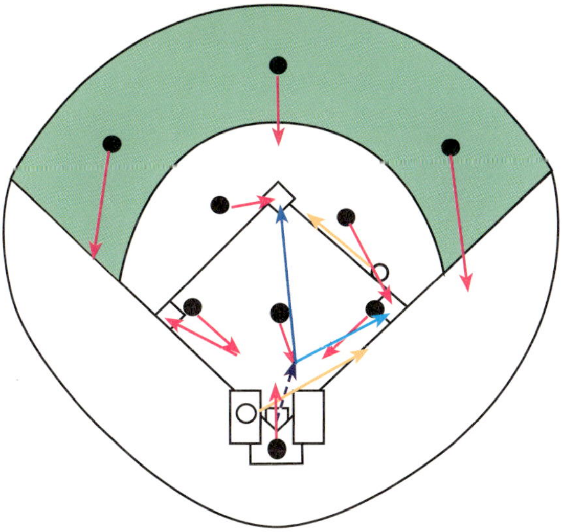

투수, 1루수, 3루수가 앞으로 달려 나온다.

무사, 주자 1루의 경우에는 보내기 번트로 주자를 진루시키는 작전을 하는 경우가 많다.

번트를 대주어 2루 또는 1루에서 아웃카운트를 늘리는 수비형태.

타자가 번트 자세를 취하면 **투수와 1루수, 3루수**가 앞으로 전진하여 수비.

투수, 3루수, 1루수는 2루에서 아웃카운트를 잡기 위해 달려나온다. 번트 처리는 포구로부터 송구까지 2루로 송구할 수 있도록 포구하고 이를 포수가 지시한다.

포수는 앞으로 나와 타구를 처리, 또는 송구를 지시한다.

2루수는 1루 베이스를 커버한다.

유격수는 2루 베이스로 들어간다.

우익수는 1루 베이스 커버를 들어간다.

중견수는 2루 베이스 커버를 들어간다.

1루수 또는 투수가 타구를 처리하게 되면 **3루수**는 3루 베이스로 돌아간다. 3루수가 타구를 처리하게 되면 **투수**가 3루 베이스로 들어간다.

3루수, 투수가 3루 베이스로 갈 수 없을 때에는 **포수**가 간다.

1루에 송구를 지시하는 투수

02 2/10

주자가 1루에 있을 때

투수 앞 땅볼

서두르지 않는다. 2루 베이스로 들어가는 유격수에게 맞춰서 송구.

더블 플레이를 확실히 한다.

무사 또는 1사, 주자 1루에서의 투수 앞 땅볼은 정확하게 송구하면 100%에 가까운 확률로 더블 플레이를 할 수 있다. 더블 플레이를 너무 의식해 서둘러 송구하지 않도록 하는 것이 중요하다.

투수는 2루 베이스로 들어가는 유격수에게 타이밍을 맞춰 송구하는 것이 중요하다.

유격수는 2루 베이스로 들어간다.

2루수, 중견수는 2루 송구를 커버하러 들어간다.

우익수는 유격수로부터 1루 송구를 커버하러 간다. 2루 베이스 부근에서 1루로 되돌아올 수 있기 때문에 그 라인까지 전력으로 이동한다.

포수는 2루에서 아웃되는 것을 확인한 후에 1루 송구를 커버하러 간다.

3루수는 3루 베이스로 들어간다.

좌익수는 실수가 일어날 때를 대비하여 3루 베이스 커버를 위해 라인까지 이동해 있는다.

투수는 2루 베이스로 들어가는 유격수에게 타이밍을 맞춰서 송구한다.

투수앞 땅볼, 1루 주자아웃(1사, 주자 1루)

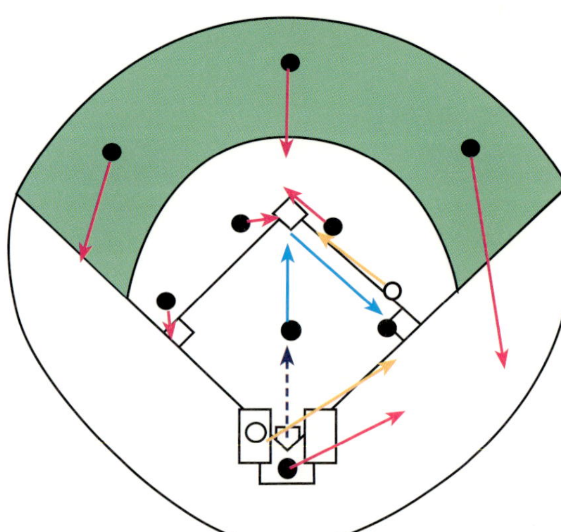

투수앞 땅볼은 거의 더블 플레이로 연결되기 때문에 확실하게 한다.

포수 앞 땅볼

2루수, 중견수가 2루 송구 커버 우익수가 1루 송구 커버.

포수 앞 땅볼은 우선 2루에서 아웃 시킨다.

2루에서 아웃시킨다.

포수로부터 2루에 송구하려면 거리가 멀기 때문에 볼이 비켜나가기 쉽다. 2루 베이스에 들어간 유격수는 볼이 비켜가도 확실하게 아웃시키기 위해 양 무릎과 양 팔을 부드럽게 사용한다.

포메이션은 투수 앞 땅볼과 같이 **유격수**가 2루 베이스로 들어간다.

포수는 재빠르게 타구를 쫓아가 2루에 송구한다.

2루수와 **중견수**는 송구를 커버하러 간다.

우익수는 유격수로부터 1루에 송구하는 것을 커버하러 간다.

3루수는 3루 베이스로 들어간다.

좌익수는 3루 베이스를 커버하러 간다.

포수 앞 땅볼. 1루 주자 아웃 (1사, 주자 1루)

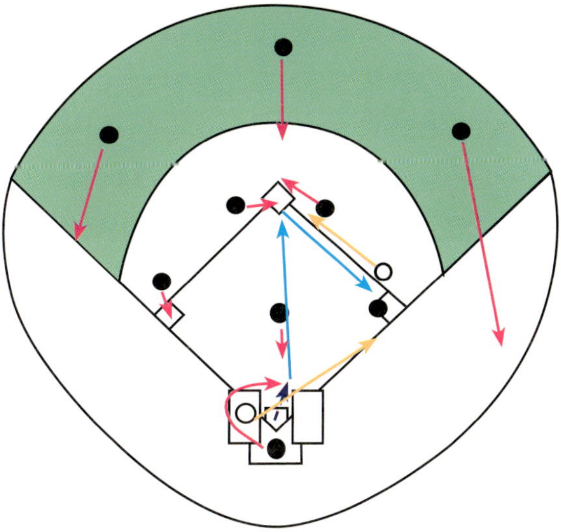

앞으로 전진하여 2루 송구를 커버하는 중견수

2루에서 1루로 송구하는 것을 커버하기 위해 돌아가는 우익수

02 3/10

주자가 1루에 있을 때

1루수 앞 땅볼

2루 송구. 1루에는 투수가 들어간다. 베이스와 가까운 땅볼은 베이스를 밟고 2루에 송구한다.

1루수가 적극적으로 볼을 잡으러 나와 2루에 송구한다.

1루수는 1루 베이스에 붙어서 견제를 하고 있기 때문에 1루와 2루 간이 많이 열리게 된다. 1루와 2루 간의 땅볼은 1루수가 적극적으로 잡으러 나와 포구한다면 망설이지 말고 2루로 송구한다.

1루 베이스에는 되돌아갈 수 없기 때문에 투수가 1루 베이스로 들어가고, 더블 플레이를 성공시킨다. 1루 베이스 가까운 땅볼은 베이스를 밟고 2루에 송구한다. 2루는 터치를 해야 하지만 확실하게 더블 플레이를 시켜야 한다.

1루수, 2루수가 타구를 처리한다.
유격수가 2루 베이스로 들어간다.
투수가 1루 베이스로 들어간다.
우익수는 타구 처리하는 사람의 커버를 들어가고, 1루수의 포구를 확인한 후 1루로 재송구하는 것을 커버하러 간다.
포수는 2루에서 아웃되는 것을 확인했다면 1루 재송구에 대한 커버에 들어간다.
3루수는 3루 베이스로 들어간다.
중견수는 2루 베이스를 커버한다.
좌익수는 다음 플레이를 준비하기 위해 라인 선상까지 이동한다.

허리를 낮추고 땅볼을 확실하게 포구

베이스를 밟고 2루에 송구하는 1루수

1루수 앞 땅볼, 1루 주자 아웃(1사, 주자 1루)

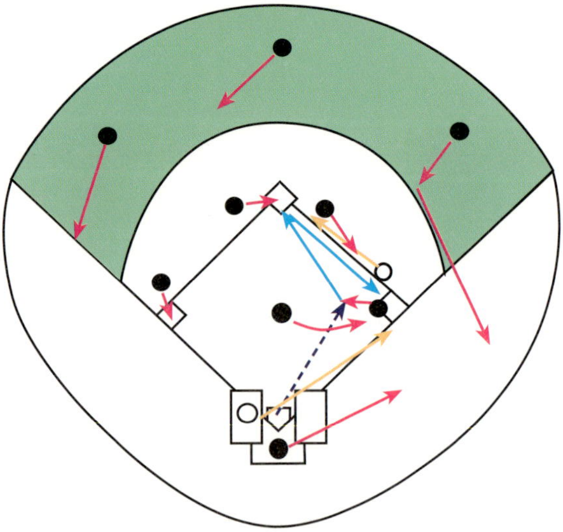

2루수 앞 땅볼

좌익수는 2루수의 포구를 확인한 후 전력으로 달려가 1루 재송구를 커버.

타구를 처리하는 2루수

1, 2루 사이의 땅볼은 확실하게 처리.

주자 1루일 때 2루수 앞 땅볼의 더블 플레이는 송구하는 2루수가 역모션으로 해야 하기 때문에 송구가 잘못될 수 있다. 2루수는 확실하게 플레이하도록 주의한다.

2루수나 **1루수**가 타구를 처리한다.

투수가 1루 베이스를 커버하러 간다. 1루수는 2루수에게 타구 처리를 맡겼을 때는 투수를 제어하고 1루 베이스로 들어간다.

중견수와 **우익수**는 2루수의 타구 처리를 커버하러 간다. 우익수는 2루수의 포구를 확인한 후 1루 베이스로 재송구되는 것을 커버하러 간다.

포수는 2루에서 아웃되는 것을 확인한 후에 1루 커버를 들어간다.

3루수는 3루 베이스로 들어간다.

좌익수는 2루로 들어간 유격수를 커버하러 간다.

2루수 앞 땅볼, 더블 플레이(1사, 주자1루)

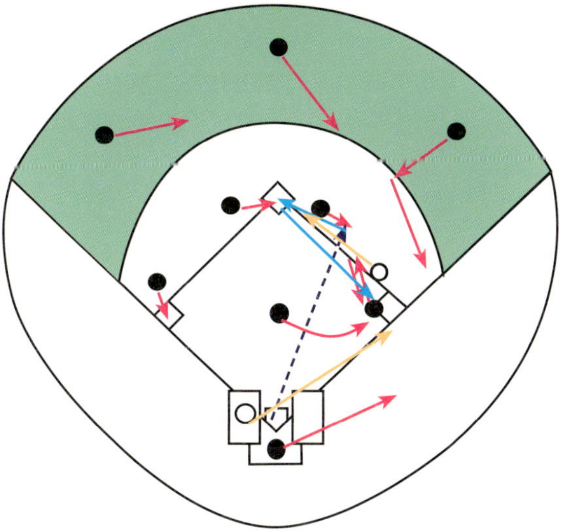

2루수의 포구를 확인하고 1루에 송구 커버들어가는 우익수

2루로 들어간 유격수에 송구 커버를 들어가는 좌익수

02 4/10

주자가 1루에 있을 때

3루수 앞 땅볼

2루 더블 플레이. 중견수는 3루수의 악송구에 대비하여 재빠르게 커버.

3루수 앞 땅볼은 3루수가 적극적으로 잡으러 나와 2루에 송구.

주자 1루일 때 투수는 낮은 볼을 던져 타자가 걸려들어 3루수 앞 땅볼을 유도한다.

3루수 앞 땅볼이 되면 반드시 더블 플레이시킨다.

3루수는 타구를 처리.

유격수, 좌익수는 3루수의 타구 처리를 커버하러 간다.

2루수는 2루 베이스로 들어간다.

1루수는 1루 베이스로 들어간다.

포수는 2루에서 아웃되는 것을 확인한 후 1루에 재송구하는 것을 커버하러 간다.

중견수는 2루 송구를 커버하러 간다.

우익수는 1루 송구를 커버한다.

이 경우에는 중견수와 우익수의 커버가 매우 중요하다. 3루수가 2루에 악송구하여 볼이 외야로 굴러가 주자가 차례로 홈인하지 않도록 중견수는 빠르게 2루 송구를 커버한다.

3루 땅볼을 포구, 2루에 송구하는 3루수

전력질주로 2루 송구를 커버하는 중견수

3루 앞 땅볼, 1루 주자아웃(1사, 주자1루)

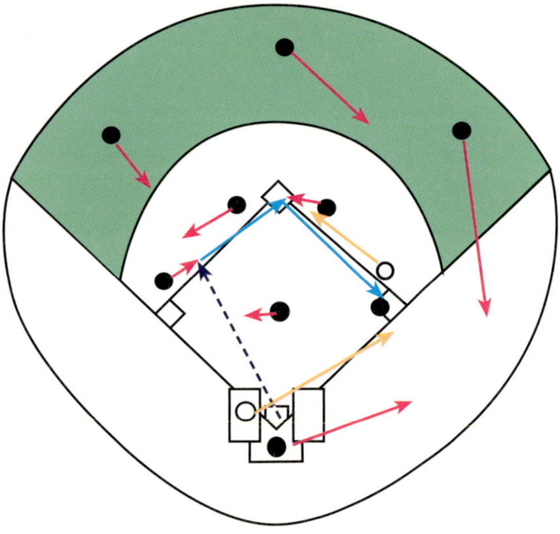

3루 번트 수비

비어 있는 3루 베이스는 투수가 들어간다. 투수가 들어갈 수 없을 때에는 포수가 들어간다.

타구를 처리하고 2루에 송구하는 3루수와 3루 베이스를 커버하는 투수

3루수 앞 번트(무사, 주자1루)

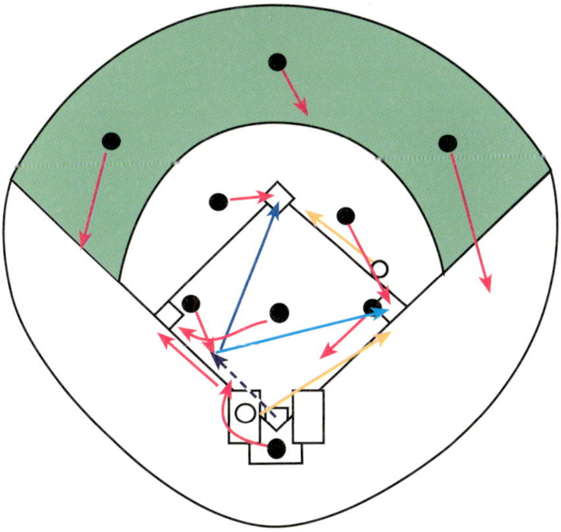

3루 베이스를 비우지 않도록 한다.

3루 앞 번트는 투수나 3루수가 타구를 처리하지만, 목소리를 크게 하여 타구를 처리하지 않는 쪽은 3루 베이스로 들어간다.

포수는 앞으로 나와 송구에 대한 지시를 내린다. 3루 베이스 커버에 투수나 3루수가 들어가지 못할 때는 포수가 들어간다.

1루수는 타자의 번트를 대비해 앞으로 전진한다.

2루수는 1루 베이스로 들어간다.

유격수는 2루 베이스로 들어간다.

좌익수는 2루 베이스를 커버한다.

우익수는 1루 송구를 커버하러 간다.

중견수는 2루 베이스를 커버하러 간다.

좌익수는 다음 플레이를 대비하여 좌익 선상까지 이동한다.

1루에 송구하는 3루수, 3루베이스로 향하는 투수

송구를 받아 2루 주자를 쳐다보는 1루수

3루수, 투수 모두가 3루 베이스 커버할 수 없을 때에는 포수가 간다.

02 5/10

주자가 1루에 있을 때

유격수 앞 땅볼

2루에서 더블 플레이. 포수는 2루 아웃을 확인한 후 1루로 재빠르게 커버하러 간다.

우익수의 송구를 커버하는 것이 중요.

일반적으로 외야의 커버링은 좌익수가 3루, 중견수가 2루, 우익수가 1루로 간다.

그러나 이 경우에는 커버를 중견수가 유격수의 타구 처리하러 가기 때문에 2루 송구의 커버를 하러 갈 수 없다. 또한 중견수는 3루 쪽의 유격수 땅볼이기 때문에 타구 처리에 대한 커버를 하지 않아도 유격수에서 2루 베이스의 연장선상으로 재빠르게 커버하는 것이 불가능하다. 따라서 커버가 늦어질 수 있다. 이 경우에는 **우익수**가 2루에 송구하는 것을 커버하러 간다.

유격수는 타구를 처리한다.

좌익수, 중견수는 유격수의 타구 처리를 커버하러 간다.

2루수는 2루 베이스로 들어간다.

1루수는 1루 베이스로 들어간다.

포수는 2루에서 아웃이 되는 것을 확인한 후 1루 재송구를 커버하러 간다.

우익수는 2루 송구를 커버하러 간다.

2루 아웃을 확인하고 1루를 커버하는 포수

유격수의 타구 처리를 커버하는 중견수

2루수 앞 땅볼, 1루주자 아웃(1사, 주자1루)

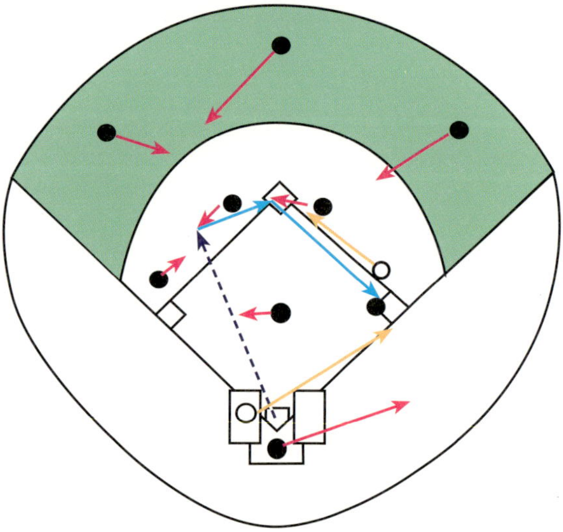

좌익 선상 안타

좌익수는 재빠르게 타구를 쫓아가서 포구하여 1루 주자의 생환을 저지.

외야밖으로 굴러간 볼을 처리하는 좌익수(좌)로부터 중계 플레이하는 유격수에게 재빠르게 송구

좌익수 선상 2루타 코스, 3루수베이스로 들어감(주자1루)

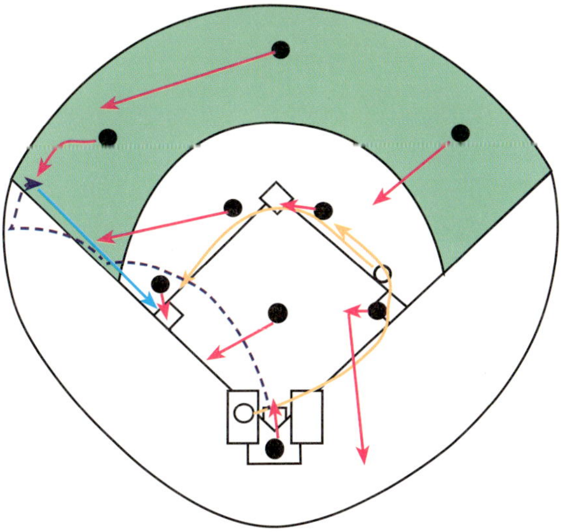

중계 플레이하는 유격수가 일직선상으로 들어가 재빠르게 3루로 송구한다.

좌익 선상 안타는 통상적으로 2루타 코스이다. 이러한 경우에는 1루 주자의 홈인을 저지하기 위한 포메이션을 짜지만, 1루 주자를 3루에서 아웃시킬 수 있도록 적극적으로 수비한다.

좌익수는 타구를 처리한다. 재빠르게 달려가 송구하여 유격수에게 공을 던진다.

유격수는 좌익수와 3루수와의 일직선상으로 빨리 들어간다.

중견수는 좌익수에게 가까이 접근하여 송구를 지시한다.

2루수는 2루 베이스로 들어간다.

3루수는 3루 베이스로 들어간다.

포수는 홈 베이스 앞에서 송구를 지시한다.

투수는 3루 송구를 커버한다.

1루수는 타자 주자가 베이스를 밟았는지 확인하고 홈 송구를 커버하러 간다.

중계 플레이하는 유격수

중계 플레이에 들어간 유격수

02 6/10

주자가 1루에 있을 때

좌익수 앞 안타

볼을 뒤로 빠뜨리지 않도록 확실하게 포구하고 3루수는 베이스로 들어간다. 중계 플레이하는 유격수에게 송구.

1루 주자를 3루로 보내지 않도록 한다.

단타이기 때문에 주자1. 2루가 되는 것은 어쩔 수 없다.

좌익수는 허리를 숙이고 확실하게 포구하여 1루 주자의 3루 진출을 허용하지 않도록 한다. 타구를 놓치거나 뒤로 빠뜨리면 3루까지 진출할 수 있다.

좌익수는 타구를 처리한다.

중견수는 좌익수의 타구 처리를 커버한다.

유격수가 좌익수와 3루수 사이에 들어가 중계 플레이 위치로 빠르게 이동한다.

2루수는 2루 베이스로 들어간다.

1루수는 타자 주자가 베이스를 밟는지 확인한다.

투수는 3루 송구를 커버한다.

포수는 홈 베이스 앞으로 나와 송구를 지시한다.

우익수는 다음 플레이에 대비하여 2루 베이스를 커버한다.

중계 플레이 하는 유격수에 송구하는 좌익수

중계 플레이의 유격수가 3루수에 송구

좌익수 앞 안타, 3루수는 베이스로 들어감(주자1루)

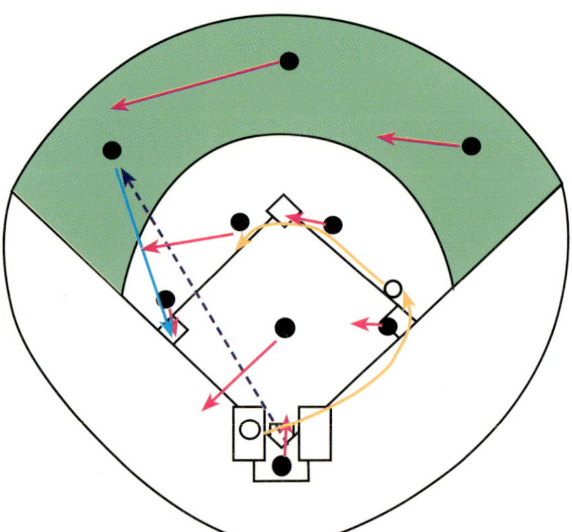

좌중간으로 빠지는 2루타

홈으로 들어오기 때문에 3루에 변화가 있다. 투수는 재빠르게 커버.

일직선상이 되도록 지시하는 3루수와 타구를 쫓는 중견수, 중계 플레이 하는 유격수

좌중간을 꿰뚫는 3루타 코스, 홈 베이스로 들어감 (주자1루)

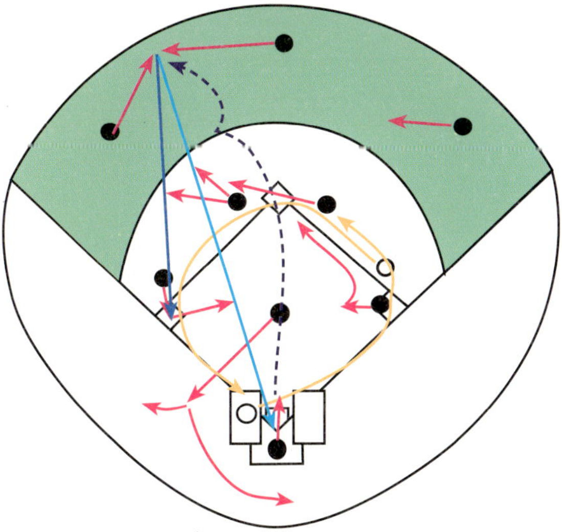

1루 주자가 홈으로 들어오지 않도록 한다. 타자 주자를 3루로 진출시키지 않도록 한다.

좌중간으로 빠지는 장타 코스. 외야는 1루 주자가 홈으로 들어오지 않도록 하기 위한 수비태세를 취하고 있기 때문에 타구에 빠르게 접근하여 홈으로 들어오는 것을 저지한다.

이 경우에 홈으로의 송구와 3루로의 송구를 가정하여 수비태세를 갖춘다.

좌익수, 중견수가 타구를 처리한다.

목소리를 크게 하여 어느 쪽에 서인가 커버한다.

유격수는 홈 베이스와 일직선상의 중계 플레이 지점으로 들어간다.

3루수는 3루 베이스로 들어간다.

2루수는 유격수를 커버한다.

1루수는 타자 주자가 1루 베이스를 밟았는지를 확인하고 타자 주자의 뒤를 따라 2루 베이스 쪽으로 달려간다.

투수는 3루 간에서 상황을 판단하여 3루, 아니면 홈 베이스를 커버하러 간다.

포수는 홈 베이스 앞에 나와 송구를 지시한다.

우익수는 다음 플레이에 대비하여 2루 베이스를 커버한다.

유격수는 송구를 중계하는데 홈 송구가 늦었으면 3루로 송구한다.

또한 도중에 3루로 되돌아가면 3루 베이스와 일직선상으로 들어가 중계 플레이를 한다.

3루수의 송구처리를 커버하는 투수

02 7/10

주자가 1루에 있을 때

중견수 앞 안타

앞으로 전진하면서 볼을 포구, 1루 주자의 3루 진출을 방지, 투수는 3루 커버.

왼쪽으로 치우친 안타는 송구방향으로 체중을 이동하면서 확실하게 포구한다. 1루 주자가 3루 베이스를 노리고 달려온다.

이 경우도 단타이기 때문에 주자 1, 2루가 되는 것은 막을 수 없다.

중견수는 확실하게 포구하여 1루 주자의 3루 진출을 허용하지 않도록 한다. 우중간 쪽 안타는 주자가 3루를 노리고 달려갈 확률이 높다. 달려가 송구할 수 있는 태세를 갖추고 포구한다.

중견수가 타구를 처리한다.

좌익수, 우익수는 중견수의 타구 처리를 커버한다.

유격수는 중견수와 3루 베이스 사이에서 중계 플레이 위치로 들어간다.

2루수는 2루 베이스로 들어간다.

1루수는 타자 주자가 1루 베이스를 밟는지 확인한다.

투수는 3루 베이스를 커버한다.

포수는 홈 베이스 앞으로 나와 송구를 지시한다.

3루 송구를 커버하러 들어가는 투수

앞으로 전진하여 포구하는 중견수

중견수 앞 안타, 3루로 들어감(주자1루)

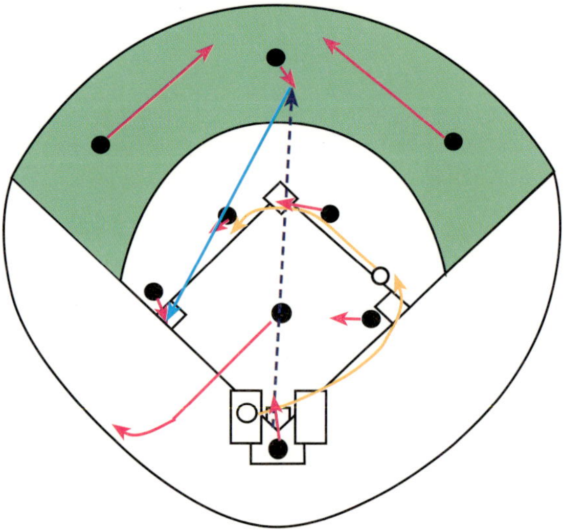

우중간으로 빠지는 2루타

1루 주자의 홈인을 막기 위해 깊게 수비한다. 반드시 3루에서 멈추게 한다.

중계 플레이 하는2루에 송구하는 중견수

우중간을 꿰뚫는 3루타 코스, 홈 베이스로 들어감(주자1루)

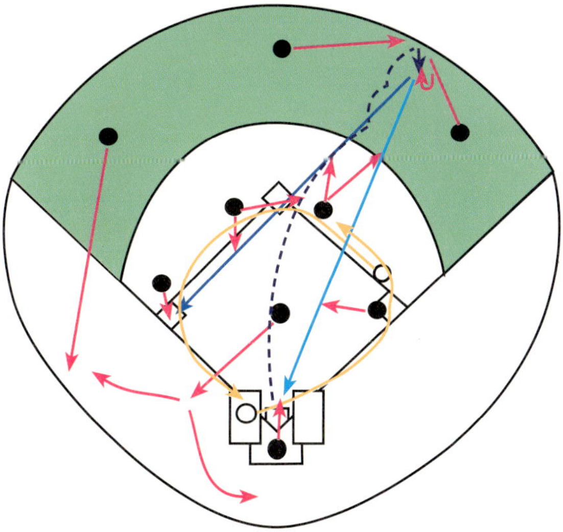

2루수의 중계 플레이 위치가 중요한 포인트

이 경우에는 1루 주자의 홈인을 막기 위한 포메이션이기 때문에 중계 플레이하는 2루수의 위치선정이 중요하다. 홈 베이스와 일직선상에서 외야수가 재빠르게 던져 줄 수 있도록 가깝게 접근한다. 어디까지 접근할 것인가는 외야수의 어깨의 강도를 생각해서 움직인다. 순간적으로 판단하여 그곳까지 재빠르게 이동한다. 또한 도중에 3루로 송구를 바꿀 수 있다. 그럴 때 3루 베이스와 일직선상에 위치한다.

중견수, 우익수가 타구를 처리한다.

목소리를 크게 내 어느 쪽이 처리할 것인가를 정한다.

좌익수는 3루 베이스를 커버한다.

유격수는 2루수의 중계 플레이 커버를 한다. 3루로 변경되었을 때에는 제2의 중계 플레이 위치로 간다.

3루수는 3루 베이스로 들어간다.

1루수는 홈으로 던질 때 중계 플레이가 필요하다고 보여지면 중간으로 들어간다.

투수는 3루와 홈사이에서 판단하여 홈, 또는 3루 베이스 커버를 한다.

포수는 홈 베이스 앞으로 나아 송구를 지시한다.

외야수가 빠르게 던질 수 있도록 쫓아가는 2루수(좌)

02 8/10

주자가 1루에 있을 때

우익수 앞 안타

우익수는 전력으로 달려 나와 볼을 포구하여 3루 송구. 중견수와 좌익수는 커버 플레이가 중요.

주자의 3루 진출을 저지

이 경우는 1루 주자가 3루로 가지 않도록 한다. 3루에서 아웃시킬 수 있도록 포메이션을 취하는 것이 기본.

단, 우익수 앞 땅볼도 발생할 수 있다.

우익수가 전력으로 달려 나와 타구를 처리한다.

중견수는 우익수의 타구처리를 커버한다.

유격수는 중계 플레이 위치로 간다.

2루수는 타구를 좇아간 후 2루 베이스로 들어간다.

1루수는 타구를 좇아간 후 우익수 앞 땅볼의 가능성이 있으면 1루 베이스 가까이에 위치한다.

좌익수는 3루 송구를 커버한다.

포수는 홈 베이스 앞으로 나와 송구를 지시한다.

투수는 1~2루 간의 땅볼이라면 1루 베이스로, 안타이면 3루 베이스를 커버하러 간다.

주자의 3루 진출을 막기위해 전진하여 타구를 처리하는 우익수

우익수를 커버하기 위해 들어가는 중견수

3루 송구를 커버하러 들어가는 투수

우익수 앞 안타, 3루로 들어감(주자1루)

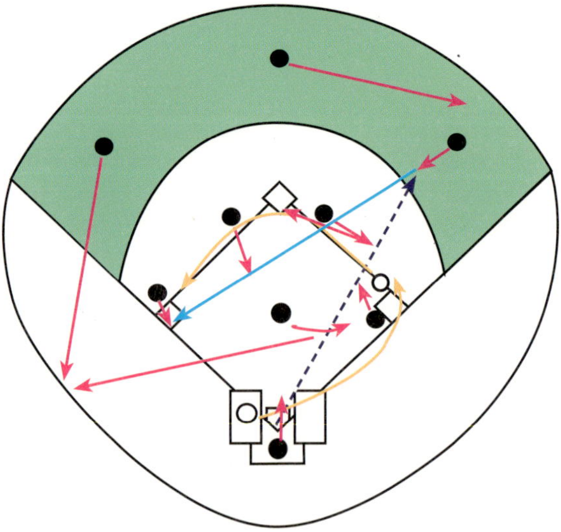

우익 선상 2루타

홈 베이스로 송구하는 태세를 갖춘다. 투수는 홈 베이스 송구를 커버할 때 거리를 둔다.

우익수로부터 홈 베이스까지 일직선상으로 선 2루수와 1루수

우익 선상 1루타 코스, 홈 베이스로 들어감(주자1루)

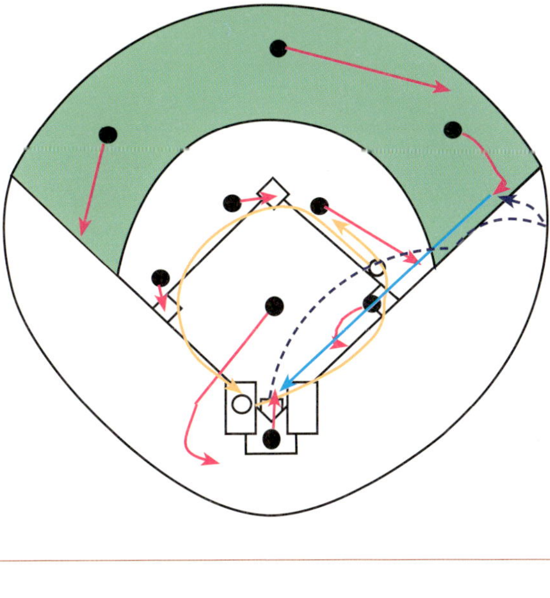

우익수는 타구를 빨리 쫓아가 중계 플레이의 2루수에게 재빠르게 송구

우익 선상 2루타는 장타이다. 이 경우는 1루 주자의 홈으로 들어오는 것을 방지하기 위해 포메이션을 취한다. **우익수**는 가능한 재빠르게 타구를 쫓아가 중계 플레이하는 2루수에게 정확하게 송구한다.

2루수는 홈 베이스 라인으로 이동하여 우익수의 타구 처리 위치를 확인하고서 우익수와의 거리를 좁힌다.

중견수는 우익수에게 접근하여 송구 지시를 한다.

1루수는 제2 중계플레이 위치로 간다.

유격수는 2루 베이스로 들어간다.

3루수는 3루 베이스로 들어간다.

포수는 홈 베이스 앞으로 나와 송구를 지시한다.

투수는 홈 베이스 송구를 커버한다.

좌익수는 다음 플레이를 위해 좌익 선상으로 이동한다.

우익수와 홈을 보면서 제2 중계 플레이 위치로 달려가는 1루수

재빠르게 송구하는 우익수

02 9/10

주자가 1루에 있을 때

사인 플레이1

1루 견제로 아웃. 2루수가 1루로 들어가는 타이밍과 포수의 견제 지시가 관건.

내야수 전원의 움직임과 타이밍으로 포수로부터의 사인으로 주자를 아웃시킨다.

보내기 번트의 사인이 나올 경우를 대비한 사인 플레이.

1루수, 3루수가 홈 베이스 방향으로 전력 질주한다.

2루수가 1루 베이스로 들어간다.

유격수가 2루 베이스로 들어간다.

타이밍을 계산하여 포수가 투수에게 1루 견제구 사인을 보낸다.

투수는 1루 베이스로 들어간 2루수에게 견제구를 던진다.

우익수는 1루 송구를 커버하러 간다.

좌익수, 중견수는 다음 플레이를 대비하기 위해 2루 베이스 커버를 들어간다.

이 사인 플레이는 1루 주자를 아웃시키지는 못해도 1루수가 번트에 대비하여 타자 방향으로 달려가도 1루 주자가 리드를 많이 할 수 없게 된다.

앞으로 달려온 1루수와 1루 베이스에 들어간 2루수

타이밍 좋게 1루 베이스에 들어가는 2루수

견제 플레이(무사, 주자1루)

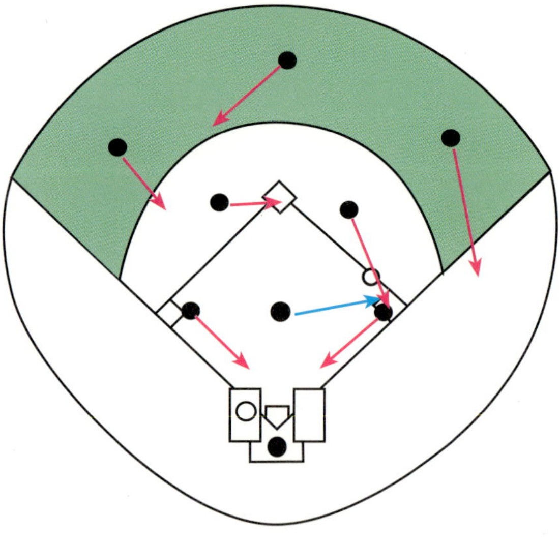

사인 플레이2

1루수가 타자 방향으로 전력 질주하여 베이스로 되돌아 올 타이밍에 맞춰 견제.

앞으로 달려갔다가 되돌아와 견제구를 받아 주자를 아웃시키는 1루수

1루수의 움직임에 모든 것이 달렸다.

보내기 번트 사인이 나온 경우에는 주자가 되도록 많이 리드하고 싶어진다.

1루수가 홈 베이스 방향으로 전력 질주하려면 오히려 2루로 진루하고자 루에서 벗어나는 경우가 많다.

1루수는 타자 방향으로 전력 질주하는 것과 같은 움직임을 보이다가 1루로 되돌아간다.

3루수는 1루수와 타이밍을 맞춰 타자 방향으로 전력 질주한다.

포수가 1루수의 타이밍을 보고 투수에게 견제구 사인을 보낸다.

투수는 1루 베이스로 되돌아가는 1루수에게 견제구를 던진다.

우익수, 2루수는 1루 송구를 커버하러 간다.

유격수는 2루 베이스로 들어간다.

좌익수, 중견수는 다음 플레이에 대비하기 위해 2루 베이스를 커버한다.

견제 플레이(무사, 주자1루)

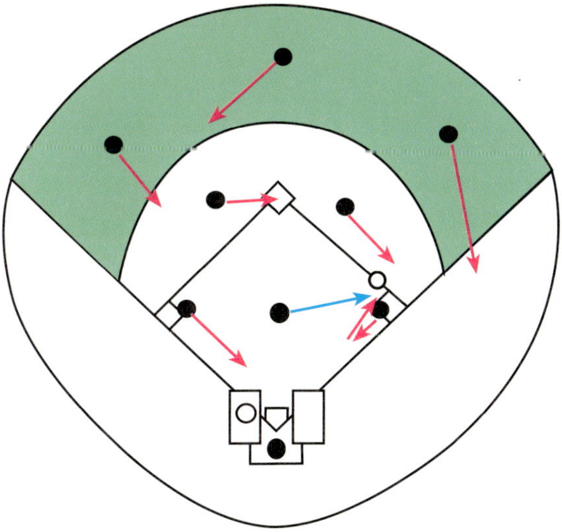

홈베에스 쪽으로 달려나오는 1루수

재빠르게 베이스로 돌아가는 1루수

02 10/10 주자가 1루에 있을 때

사인 플레이3

투수는 높이를 정중앙으로 하여 아웃코스에 볼성의 투구를 3개 정도 바깥으로 볼을 던진다.

1루 주자를 아웃시키기 위한 플레이

보내기 번트 사인이 나온 경우로 투구가 스트라이크로 보이면 주자는 타자가 번트할 것이라고 생각해 루에서 많이 리드한다.

이 포메이션은 주자가 루에서 떨어지는 거리를 크게 하여 아웃시키는 작전이다.

1루수, 3루수가 타자 방향으로 전력 질주한다.

2루수가 1루 베이스로 들어간다.

유격수가 2루 베이스로 들어간다.

우익수는 1루 송구를 커버하러 간다.

좌익수, 중견수는 다음 플레이를 취하기 위해 2루 베이스 커버하러 간다.

투수는 퀵 모션에서 투구한다. 높이는 정중앙 정도, 코스는 아웃코스, 볼성의 투구를 3개 정도 빠지게 볼을 던진다. 1루 주자가 볼 때 스트라이크 존은 높게 보이지만 좌우코스는 판단하기 어렵다.

포수는 투구를 포구해서 1루 베이스로 들어간 2루수에게 정확히 송구한다.

홈베이스 쪽으로 달려 나오는 1루수(우) 1루 베이스에 들어가는 2루수

포수로부터 재빠르게 1루로 송구

견제 플레이(무사, 주자1루)

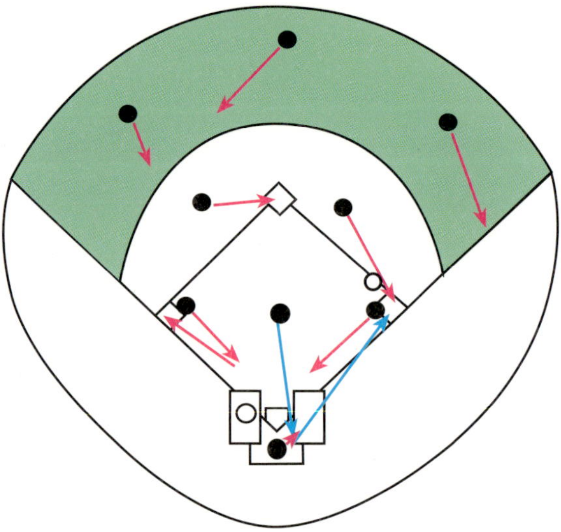

사인 플레이4

번트를 대주고 2루에서 아웃시킨다. 투수는 반드시 스트라이크를 던진다.

홈베이스에서 달려 나오는 1루수. 1루 베이스에 들어가는 2루수

투수는 스트라이크를 던져 번트를 대주는 것이 중요

번트를 대주고 2루에서 아웃시키는 포메이션.

1루수, 3루수가 타자 방향으로 전력 질주한다.

2루수가 1루 베이스로 들어간다.

유격수가 2루 베이스로 들어간다.

중견수는 2루 송구를 커버하러 간다.

우익수는 1루 베이스를 커버하러 간다.

좌익수는 다음 플레이를 취하기 위해 3루 베이스를 커버하러 간다.

투수는 퀵 모션으로 투구한다. 반드시 스트라이크를 던져 번트를 대준다. 이 포메이션은 1점도 주지 않는 것이 중요하기 때문에 다시 할 수 없다.

1루수, 3루수 중에 한쪽이 타구를 처리하고 2루에 송구한다.

2루에서 아웃시키기 위한 포메이션이기 때문에 2루로 던질 태세로 타구 처리를 하는 것이 중요.

견제 플레이 번트수비(무사, 주자1루)

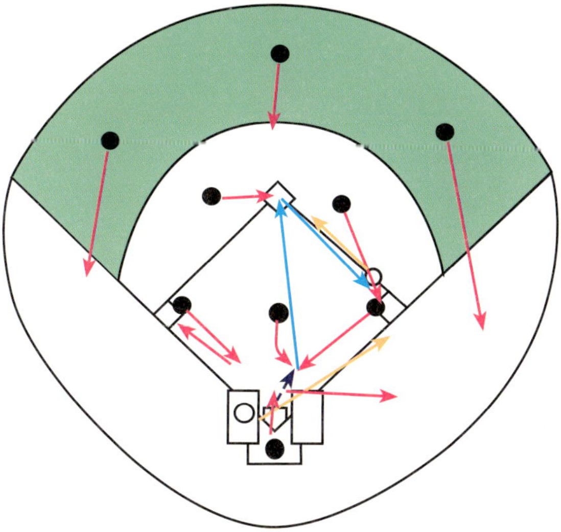

홈베이스 쪽으로 달려 나오는 3루수

2루 송구를 커버하는 중견수

03 1/6

주자가 2루에 있을 때

외야 Back Home 태세의 기본형

내야는 정상적 위치이지만 2루 주자를 붙잡아 둔다. 외야는 앞으로 전진하여 2루 주자를 살려주지 않는다.

외야는 전진수비가 기본

내외야수 모두 2루 주자가 한 번에 홈으로 들어가지 못하도록 포지션을 지키는 것이 기본.

내야는 전진 수비보다는 정상적인 위치에서 수비하기 때문에 안타 확률이 높다. 단, 2루 주자를 자유롭게 하지 못하도록 한다. 외야는 2루 주자가 빠른지 아니면 자신의 송구가 강약을 고려하여 한 번에 2루 주자가 홈으로 들어가지 못하도록 전진하여 수비한다.

단 이것은 어디까지나 기본형이기 때문에 1점을 주어도 괜찮을 때에는 외야수도 정상 위치에서 수비한다.

또한 타자에 따라 수비위치를 바꾸는 것이 중요하다.

예를 들어 왼손 타자로 배트를 짧게 잡고 좌측 방향을 노리고 들어오는 타자의 경우는 3루 간을 견제하여 좌익수와 중견수는 좌측으로 조금 이동하여 전진 수비한다.

중견수 쪽에 장타를 잘 날리는 타자일 경우에는 점수 차와 몇 회에 따라 깊게 수비하는 것도 필요하다.

야수는 상황에 따라 수비 위치를 바꾸는 것이 중요하다.

앞으로 달려와 포구하는 중견수

전진하여 수비하는 중견수

타구	투구, 송구	송구2	야수의움직임	주자의움직임

1사 또는 2사, 주자 2루의 기본형

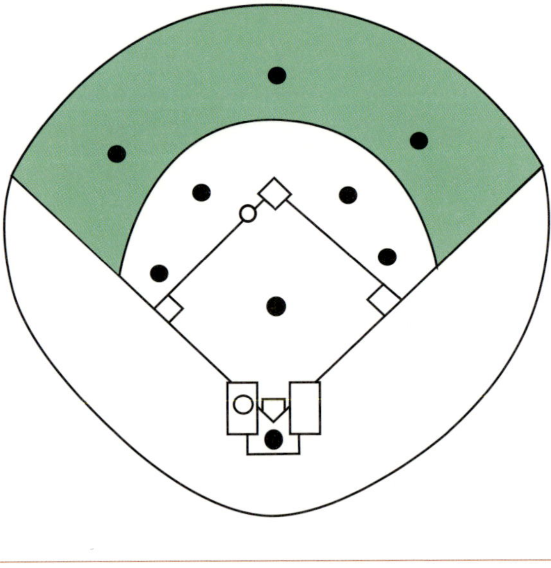

번트 수비의 기본형

투수는 3루 측으로 내려간다. 1루수가 투수의 우측 반 정도를 커버한다. 송구는 포수의 지시에 따른다.

투수는 3루쪽으로 내려와 타구를 처리하고 3루로 송구한다.

투수, 1루수가 번트 처리. 무리하지 않는 포메이션을 취한다.

번트를 대주어 아웃 카운트를 하나 잡는 것을 우선하는 포메이션.

투수는 투구하고 나서 번트에 대비해 3루 쪽으로 달려간다.

1루수는 타자가 번트 자세를 취하면 달려 나간다.

2루수가 1루 베이스를 커버한다.

유격수가 2루 베이스를 커버한다.

3루수는 타자가 번트 자세를 취하면 2~3m 달려 나오고, 투수 또는 1루수가 포구할 수 있다고 판단되면 3루 베이스로 들어간다.

3루 측 번트로 투수가 잡을 수 없다는 판단을 하면 달려 나가 포구해 1루에 송구한다.

우익수는 1루 송구를 커버하러 간다.

중견수는 2루 베이스를 커버하러 간다.

좌익수는 3루 송구를 커버하러 간다.

번트수비의 기본형(무사, 주자2루) 투수땅볼

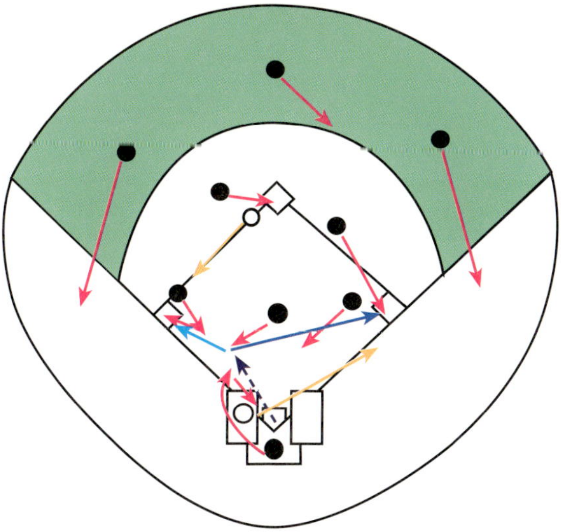

3루송구를 커버하는 좌익수

1루 베이스로 향하는 2루수

03 2/6

주자가 2루에 있을 때

3루 앞 땅볼

포구하면 주자를 2루 베이스에 묶어 두고 재빠르게 1루에 송구.

3루 앞 땅볼은 2루수가 2루 베이스로 재빠르게 들어가고 주자의 리드를 빼앗는다.

무사 또는 1사 주자 2루의 3루 앞 땅볼은 **3루수**가 포구하면 주자를 2루 베이스에 묶어두고 재빠르게 1루에 송구하는 것이 기본.

이 때 2루 베이스가 비어있으면 주자를 묶어둘 수 없다.

2루수는 재빠르게 2루 베이스로 들어간다.

유격수는 3루수의 타구 처리를 커버하고 3루 베이스로 들어간다.

좌익수는 3루수의 타구 처리를 커버하러 간다.

중견수는 3루수가 2루에 송구하는 것에 대비하여 2루 송구를 커버한다.

우익수는 1루 송구를 커버하러 간다.

타구를 잡아 1루에 송구하는 3루수(좌)와 3루베이스 커버에 들어가는 유격수

3루 땅볼(무사 또는 1사, 주자2루)

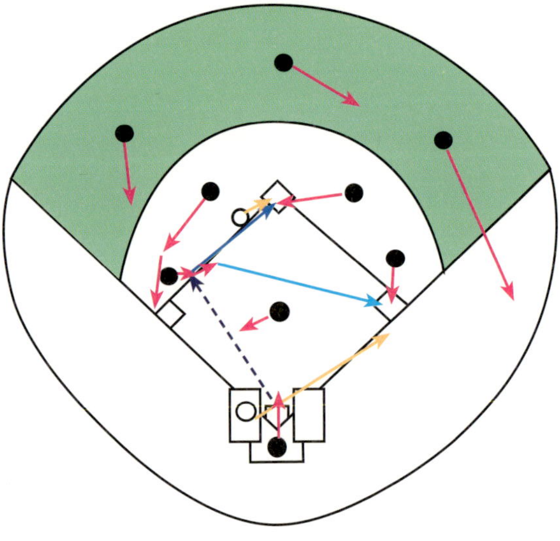

재빠르게 2루 베이스에 들어가는 2루수

2루 앞 땅볼

2루 주자의 진루는 막을 수 없다. 무리하지 말고 확실하게 1루 송구로 아웃카운트를 잡는다.

1루에 송구하는 2루수

2루 땅볼(무사 또는 1사, 주자2루)

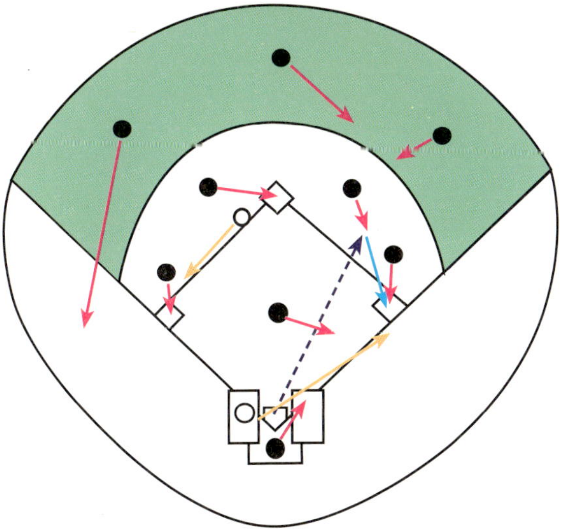

타자 주자를 아웃시킨다.

무사 또는 1사로 전진 수비 태세를 취하지 않았을 때의 2루 앞 땅볼은 2루 주자의 진루를 막을 수 없다. 정확하게 타자 주자를 아웃시킨다.

2루수가 타구를 처리한다.

중견수와 우익수는 2루수의 타구 처리를 커버하러 간다.

유격수는 2루를 커버하러 간다.

3루수는 3루 베이스로 들어간다.

1루수는 1루 베이스로 들어간다.

좌익수는 3루 베이스를 커버하러 간다.

1루 송구의 커버가 없기 때문에 정확하게 송구한다.

악송구가 나오면 포수가 1루에 커버하러 가고 투수가 홈 베이스로 들어온다.

앞으로 나와 송구를 지시하는 포수

2루수 타구 처리를 커버하는 중견수와 우익수

3루 베이스를 커버하는 좌익수

03 3/6

주자가 2루에 있을 때

좌익수 앞 안타

재빨리 달려와 포구하여 홈 베이스로 송구. 2루 주자의 득점을 방지한다.

좌익수는 중계 플레이하는 3루수의 머리를 향하여 원바운드로 홈에 송구한다.

2루 주자가 단번에 홈으로 파고든다. 좌익수는 그것을 저지하기 위해 재빠르게 달려와 홈으로 던질 태세로 포구한다. 포구 후 중계 플레이에 들어간 3루수의 머리를 보고 빠르고 크게 홈 베이스를 향해 원바운드로 송구한다.

좌익수는 타구를 처리한다.

중견수는 좌익수의 타구 처리를 커버하러 간다.

3루수가 홈 베이스 송구의 중계 플레이를 행한다.

유격수가 3루 베이스로 들어간다.

투수는 홈 베이스를 커버한다.

홈베이스로 송구하는 좌익수와 3루 커버에 들어가는 유격수

3루 베이스로 향하는 유격수

홈베이스 위에서의 태그 플레이

좌익수 앞 안타, 홈베이스에 송구(주자2루)

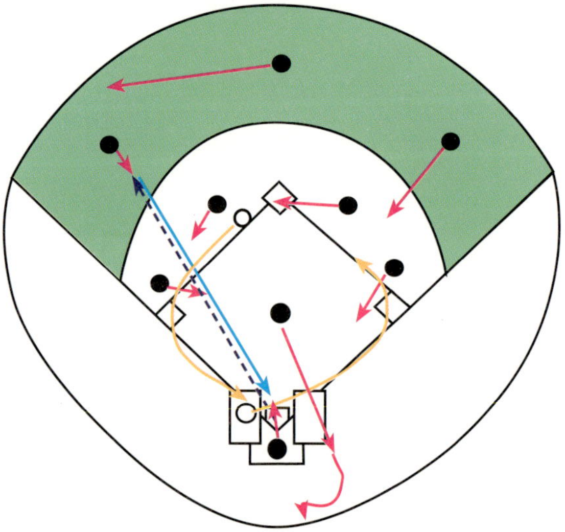

중견수 앞 안타

2루 주자를 홈에서 태그할 수 있도록 수비한다. 목적을 달성할 수 있도록 플레이한다.

홈베이스 앞에 위치하여 포구하고 태그하는 포수

재빠르게 달려 나와 홈으로 던진다.

2루 주자를 살려주지 않는 포메이션이기 때문에 **중견수**는 재빠르게 달려 나와 홈으로 송구한다.

좌익수와 **우익수**가 중견수의 타구 처리를 커버하러 간다.

1루수가 중견수와 홈 베이스 사이에 일직선이 되도록 이동하여 중계 플레이 위치를 잡는다.

유격수는 2루 베이스를 커버하러 간다.

3루수는 3루 베이스로 들어간다.

투수는 홈 송구를 커버하러 간다.

중견수로부터 볼이 높게 날아오면 중계 플레이를 할 수 없게 되어 타자 주자의 2루 진루를 허용하게 된다.

또한 중계 플레이가 잘 이루어지지 않으면 타자 주자가 2루를 노리기 때문에 포수는 홈 베이스에서의 플레이가 끝난 후 2루 송구를 한다. 시간적으로 홈에서 주자를 태그할 수 없을 때에는 이 플레이를 중지하고 타자 주자를 2루에서 아웃시킬 수 있도록 노력한다.

중견수 앞 안타, 홈베이스에 송구(주자2루)

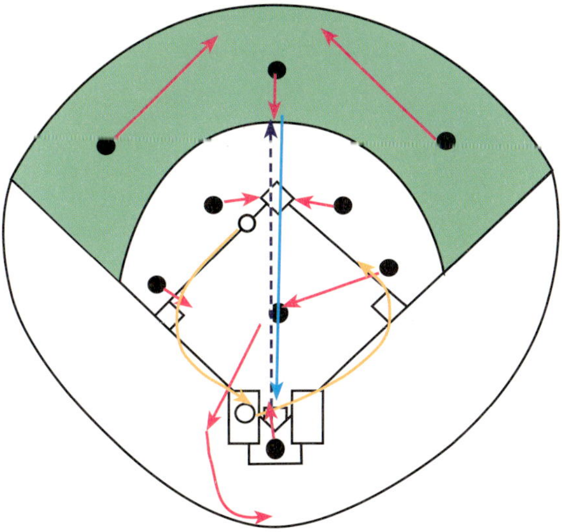

홈베이스 커버하는 투수

홈베이스로 중계 플레이하는 1루수

03 4/6

주자가 2루에 있을 때

우익수 앞 안타

앞으로 달려 나와 홈으로 송구하는 것이 기본. 상황에 따라 우익수 앞 땅볼을 노린다.

득점을 주지 않는 것을 우선으로 삼는다.

2루 주자의 홈인을 저지하기 위해 앞으로 달려 나와 홈 송구 태세로 포구하고 홈으로 송구하는 것을 기본으로 한다.

단, 2사 2루일 때나 1점을 주어도 좋을 때에는 재빠르게 달려 나와 우익수 앞 땅볼을 노려도 좋다.

1루수는 중계 플레이에 들어가던가, 아니면 1루 베이스로 접근하든가 판단하여야 한다. 미리 우익수와 큰소리로 콜을 하는 것이 중요하다.

우익수가 타구를 처리한다.

중견수는 우익수의 타구 처리를 커버하러 간다.

1루수가 홈 베이스로 송구하는 것을 중계 플레이하는 위치, 또는 1루 베이스로 들어간다.

2루수는 1루수가 중계 플레이 위치로 가면 1루 베이스를 커버한다.

유격수는 2루 베이스를 커버한다.

투수는 홈 베이스를 커버한다.

앞으로 전지하여 포구하는 우익수

홈베이스를 커버하는 투수

우익수 앞 안타, 홈베이스에 송구(주자2루)

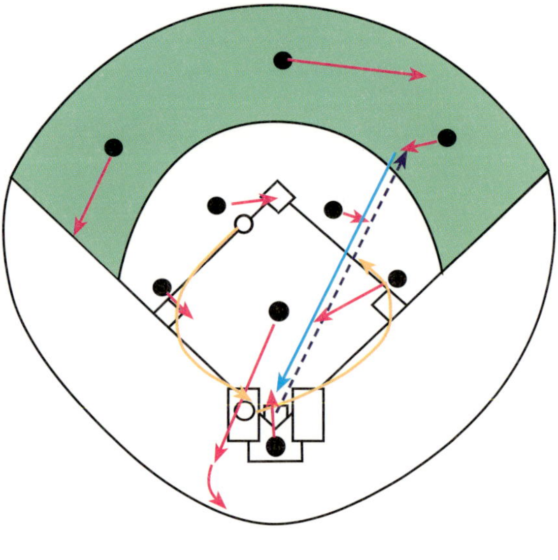

중견수 플라이

플라이 볼 일 때의 진루를 저지한다. 뒤에서 달려 나오면서 포구해 재빠르게 3루로 송구.

3루 송구를 중계 플레이 하는 유격수

중견수 플라이, 3루로 송구(무사 또는 1사, 주자2루)

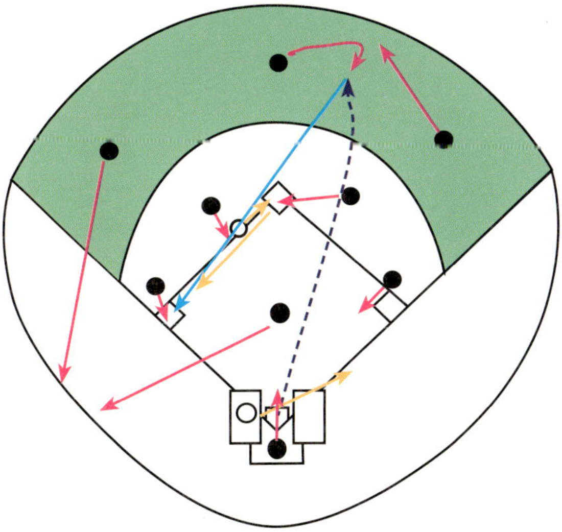

외야 깊은 플라이 볼은 주자가 잡는 순간 스타트한다. 뒤로 조금 돌아 포구한다.

좌측 방향이나 외야 깊숙한 플라이 볼일 때 2루 주자가 포구하는 순간 진루하러 달린다.

중견수가 뒤로 조금 돌아들어가 송구 방향으로 체중이동을 하면서 포구하여 중계 플레이하는 유격수에게 송구한다.

유격수는 3루 송구의 중계 플레이 위치로 달려간다.

우익수는 중견수의 타구 처리를 커버하러 간다.

2루수는 2루 베이스로 들어간다.

좌익수와 **투수**는 3루 송구를 커버하러 간다.

중견수의 타구처리를 커버하는 우익수

3루 송구를 커버하는 좌익수

3루 송구를 커버하는 투수

03 5/6 주자가 2루에 있을 때

우익수 플라이

2루수와 유격수가 3루 송구를 위해 중계 플레이하는 것이 매우 중요

조금 돌아서 달려가 포구하고 3루로 낮게 송구한다.

무사 또는 1사에서의 우익수 플라이는 정상 위치보다 깊은 타구라면 주자가 진루하기 위해 달려나간다.

우익수는 조금 돌아서 달려가 뒤로부터 재빠르게 포구하여 중계 플레이하는 유격수, 또는 2루수에게 낮게 송구한다.

중견수는 우익수의 타구 처리를 커버한다.

2루수와 **유격수**는 중계 플레이 위치로 달려간다. 기본형은 우익수의 포구 위치가 깊으면 2루수, 짧으면 유격수가 중계 플레이한다. 중계 플레이 하지 않는 선수는 2루 베이스로 들어간다.

3루수가 3루 베이스로 들어간다.

좌익수, 투수는 3루 송구를 커버하러 간다.

3루 송구를 커버하는 좌익수와 투수

중계플레이 위치로 재 빠르게 들어가는 유격수

송구를 기다리는 3루수

우익수 플라이, 3루로 송구(무사 또는 1사, 주자2루)

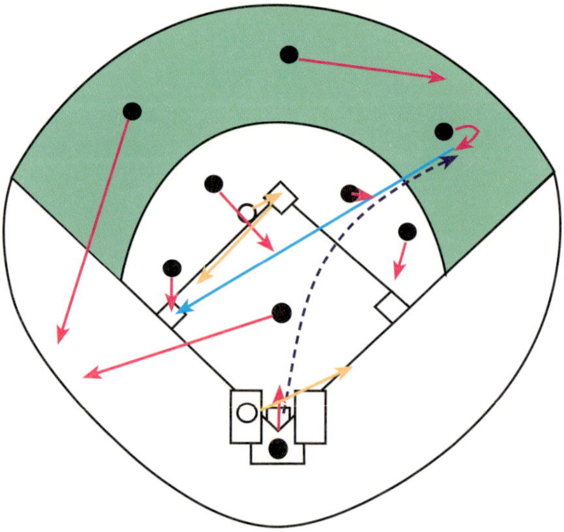

사인 플레이1

유격수와 3루수가 한꺼번에 움직이고, 2루 주자가 베이스를 크게 벗어나도록 유도한다.

3루 방향으로 달려가는 유격수

유격수는 일단 2루 베이스로 들어가 3루 방향으로 전력으로 달려나간다.

투수가 셋 포지션에 들어가면 **유격수**가 2루 베이스로 들어가 주자 앞을 통과하여 3루 방향으로 달려간다. 즉 투수가 타자에게 던지려 한다는 것을 2루 주자에게 인식시켜 2루를 크게 벗어나도록 유도한다.

2루수가 좋은 타이밍에 2루로 들어간다.

포수가 사인을 내고 **투수**가 2루에 송구하여 2루 주자를 아웃시킨다.

중견수는 2루 송구를 커버하러 간다.

좌익수는 다음 플레이를 예상하여 3루 선상으로 이동한다.

이 플레이는 2루 주자를 아웃시키지 못하더라도 2루 주자가 크게 리드하지 못하도록 할 수 있다.

사인에 의한 2루견제(무사 또는 1사, 주자2루)

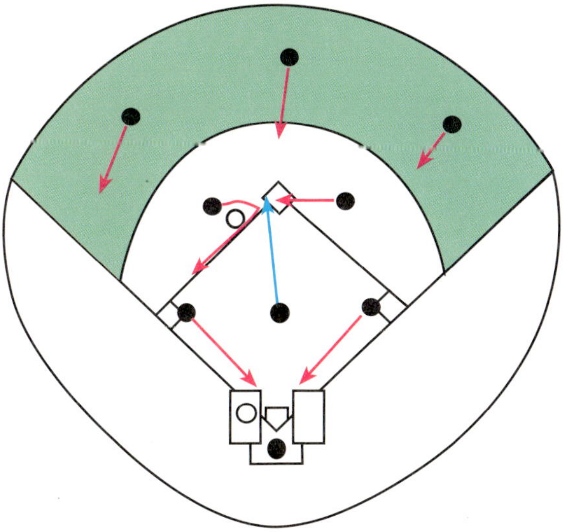

홈으로 달려나오는 3루수

2루 베이스에 들어가는 2루수

03 6/6

주자가 2루에 있을 때

사인 플레이2

투수는 볼을 던진다. 포수는 재빠르게 2루에 송구. 중견수는 2루를 커버하는 것이 중요.

스트라이크 존 부근으로 볼이 들어가면 주자는 베이스에서 크게 리드할 수 있다.

번트 사인으로 스트라이크를 놓치면 2루 주자가 뛰어나오고 아웃당하는 경우가 많다.

이 플레이는 투수가 스트라이크 존에 가깝게 볼을 던져 포수가 2루로 던져 2루 주자를 아웃시키려는 사인 플레이이다.

투수가 셋 포지션을 취하면 **3루수**와 **1루수**가 홈으로 달려 나온다.

유격수도 3루 베이스가 비지 않도록 3루 방향으로 달려간다.

2루수는 타이밍을 보면서 2루 베이스로 들어간다.

포수가 송구하여 2루 주자를 아웃시킨다.

중견수는 2루 송구를 커버하러 간다.

좌익수는 다음 플레이를 예상하여 3루 선상으로 이동한다.

2루 베이스에 들어간 2루수

3루 방향으로 달려나가는 유격수

사인에 의한 포수로부터의 2루견제(무사, 주자 2루)

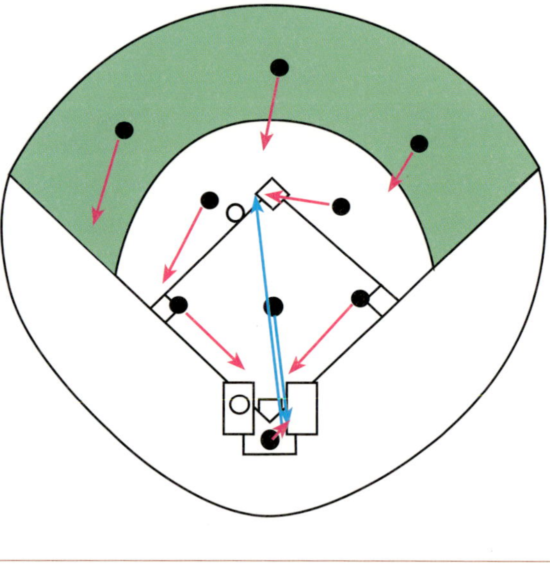

사인 플레이3

1점으로 승부가 갈릴 경우에 사용한다. 번트를 대주고 3루로 송구. 2루 주자를 아웃시킨다.

홈베이스 방향으로 달려 나와 타구를 처리하는 3루수

사인에 의한 번트수비(무사, 주자2루)

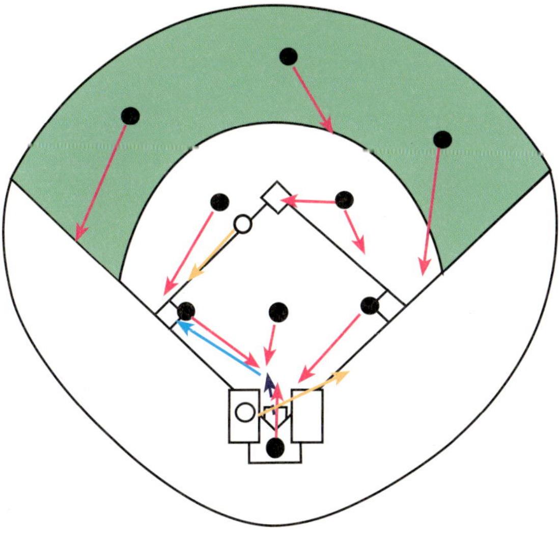

타구를 처리하는 사람은 볼을 잡으면 3루에 송구.

3루에 진루하면 질 확률이 높아져 1점도 줄 수 없을 경우에 사용한다.

투수가 셋 포지션을 취하면 **3루수**와 **1루수**가 타자 방향으로 달려 나온다. 투수도 던지고 나면 홈 쪽으로 달려간다.

유격수는 3루 베이스로 들어간다.

2루수는 송구가 3루라면 2루 베이스로 들어가고, 1루 송구라면 1루 베이스로 들어간다.

좌익수는 3루 송구라면 3루 커버에, **우익수**는 1루 송구라면 1루 베이스 커버에 들어간다.

홈베이스로 달려 나오는 3루수

유격수가 들어간 3루에 송구하는 3루수

2루 베이스로 향하는 2루수

04 1/5

주자가 3루에 있을 때

전진 수비의 기본형

평범한 내야 땅볼을 홈에서 아웃시킬 수 있는 위치에서 수비한다.

내외야수 모두 홈 베이스 송구 태세를 취한다.

1점도 주지 않을 때에는 전진 수비를 한다.

내야수는 내야 땅볼을 홈으로 던져 아웃시킬 수 있는 위치에서 수비한다.

외야수는 외야 플라이 볼이 왔을 때 뛰는 주자를 아웃시킬 수 있다고 생각하는 위치까지 전진하여 수비한다.

내야와 외야 간에 떨어지는 텍사스성 안타를 허용하면 안된다.

무사 3루의 경우에 보통 내야 땅볼일 때는 3루 주자는 스타트를 하지 않는다. 정확하게 포구하여 주자를 보고 1루에 송구하는 것이 기본.

1사라면 재빠르게 달려 나오는 경우가 많다. 내야수는 앞으로 전진하여 포구하고 재빠르게 홈으로 송구하면 아웃시킬 수 있다.

너무 앞으로 나와서 수비하면 안타 지역이 넓어져 평범한 플라이나 땅볼이 안타가 되는 경우가 높아진다.

외야로 날아간 파울플라이는 뛰는 주자를 아웃시킬 수 없다면 잡을 수 있어도 잡지 않는 것이 좋다.

앞으로 전지하여 수비하는 2루수

타구	투구, 송구	송구2	야수의움직임	주자의움직임

전진수비 내야 땅볼은 홈으로 송구(무사 또는 1사, 주자3루)

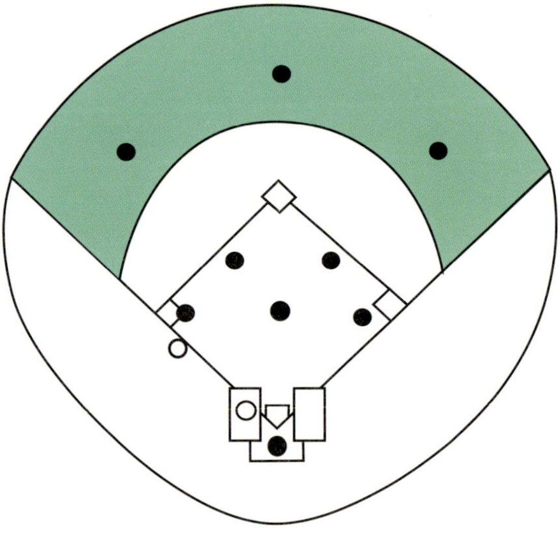

투수의 세트 포지션과 동시에 유격수와 2루수가 전진수비를 한다.

정 위치에서 전진수비 위치로 달려나오는 유격수

유격수, 2루수의 전진으로 타자를 혼란에 빠트린다.

3루 주자는 내야의 수비 진형을 보고 홈 베이스를 노릴까, 아니면 멈출까를 결정한다. 특히 유격수 앞 땅볼이나 2루수 앞 땅볼은 수비 위치에서 판단할 때가 많다.

투수가 세트 포지션을 취하면 정상 위치에서 **2루수, 유격수**가 타자 쪽으로 달려간다. 전진수비 위치에서 타구에 대비한다.

유격수와 2루수가 투수의 세트 포지션과 동시에 전진수비를 위해 앞으로 달려 나가면 주자의 판단이 혼란스러워진다. 또한 타자의 판단도 혼란스러워질 가능성이 높아진다.

유격수 앞 땅볼, 2루수 앞 땅볼을 쳐서 1점을 득점하겠다고 생각했을 때 유격수와 2루수가 달려 나가면 당황하기 쉽다.

이것은 타자와 주자의 판단을 흐리게 하는 전진수비.

전진수비(무사 또는 1사, 주자2루)

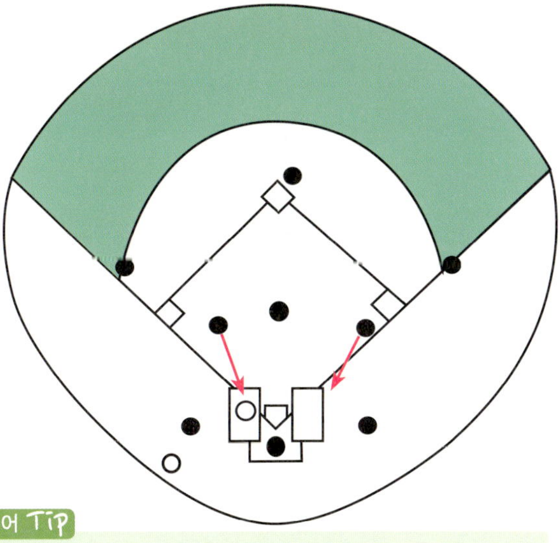

투수의 세트 포지션과 동시에 타자쪽으로 향해 달려 나오는 2루수

전진수비 위치에서 타구에 대비하는 2루수

ㅑ구용어 Tip

ㅔ트 포지션 야구 경기에서 와인드업 포지션과 함께 정규투구 자세 중 하나. 투
ㅡ가 타자를 향하여 축이 되는 발을 완전하게 투수판 위나 그 앞에 놓고서 투수
ㅏ의 끝에서 떨어지지 않도록 접촉시킨 다음에 다른 발을 투수판 앞에 다 놓고
ㅣ을 두손으로 몸앞에서 쥐어, 적어도 1초동안 완전히 동작을 정지하는 자세이다.

04 2/5

주자가 3루에 있을 때

3루수 앞 땅볼, 유격수 앞 땅볼

3루 주자를 3루에 묶어두고 1루 송구. 유격수가 재빠르게 3루 베이스를 커버.

포구했다면 3루 주자를 쳐다보고 재빠르게 1루에 송구.

무사 또는 1사에서 3루수 앞 땅볼은 3루수가 베이스로부터 떨어져 포구했다면 **유격수**가 재빠르게 3루 베이스를 커버한다.

3루수 또는 **유격수**는 타구를 잡으면 주자를 쳐다보고 3루 베이스에 묶어두고 나서 1루에 송구. 1루에는 빠른 볼을 던진다. 아리랑 볼을 던지면 주자를 진루시킬 수 있다.

1루수가 1루 베이스로 들어간다.

2루수, 우익수는 1루 송구를 커버한다.

중견수는 다음 플레이를 위해 2루 송구를 커버한다.

타구를 처리하는 3루수와 3루 베이스로 들어가는 유격수

송구를 잡은 후 홈 베이스에 송구하는 1루수

전진수비로 주자를 묶어두고 1루 송구(무사 또는 1사, 주자3루)

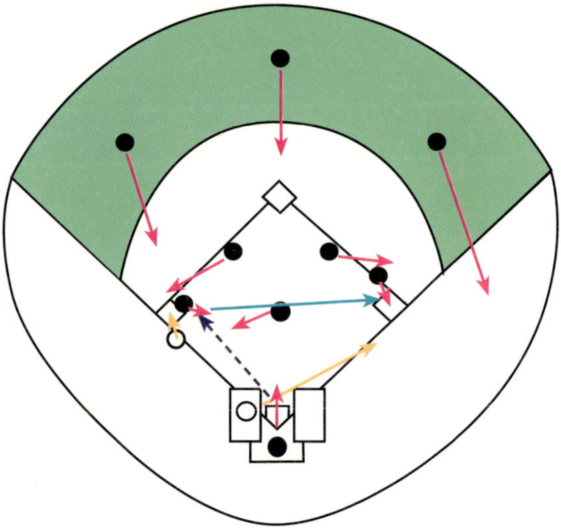

2루수 앞 땅볼, 1루수 앞 땅볼

앞으로 전진하여 포구. 3루 주자를 홈에서 살려주지 않는다.

포구하고 3루 주자를 처다보는 2루수

전진수비 앞으로 나와 포구(무사 또는 1사, 주자3루)

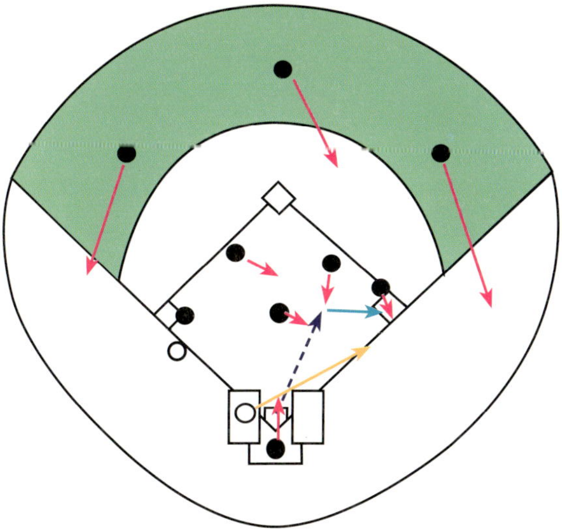

전진하여 포구, 주자를 확인하고 1루에 송구.

2루수 앞 땅볼은 2루수가 앞으로 전진하여 포구한다. 주자를 확인하고 주자가 홈 베이스 근처가 당도했다면 1루에 확실하게 송구. 주자가 홈으로 달려가면 재빠르게 홈으로 송구하여 주자를 아웃시킨다.

1루수는 1루 베이스로 들어간다.

3루수는 3루 베이스로 들어간다.

우익수는 1루 송구를 커버하러 간다.

좌익수는 3루 송구를 커버하러 간다.

중견수는 다음 플레이를 위해 2루 베이스를 커버한다.

1루수 앞 땅볼은 3루 주자를 확인하면서 1루 베이스를 밟는다.

1루에 송구하는 2루수

1루 송구를 커버하러 가는 우익수

펜스 가까이까지 커버하러 가는 우익수

04 3/5

주자가 3루에 있을 때

좌익수 플라이

3루수가 홈 베이스 송구를 중계 플레이한다. 유격수는 송구에 대한 지시를 하고 3루 베이스를 커버한다.

3루수의 움직임이 중요.

무사 또는 1사에서 외야 플라이는 주자가 **태그업**을 할 수 있는 경우이다.

좌익수의 포구 위치와 주자의 발이 빠른지에 달려있지만, 거의 태그업을 하는 것이 보통이다.

3루수가 중계 플레이에 들어가지만 좌익수와 홈 베이스 사이의 일직선상에서 외야수의 어깨와 컨트롤을 생각하여 좌익수와의 거리를 취하는 것이 중요.

좌익수는 뒤로 조금 돌아 앞으로 전진하면서 포구하여 홈 베이스 방향으로 힘껏 던진다.

중견수는 좌익수의 타구처리를 커버한다.

중계 플레이하는 **3루수**는 크게 팔을 흔들어 송구의 표적이 된다.

유격수는 좌익수에게 송구 지시를 한 후에 3루 베이스로 들어간다.

투수는 홈 베이스를 커버한다.

2루수는 주자가 베이스에서 떨어져 있는지 확인한다.

중계 플레이 위치로 향하는 3루수(우)와 3루 베이스로 들어가는 유격수

좌익수 플라이, 백홈(무사 또는 1사, 주자3루)

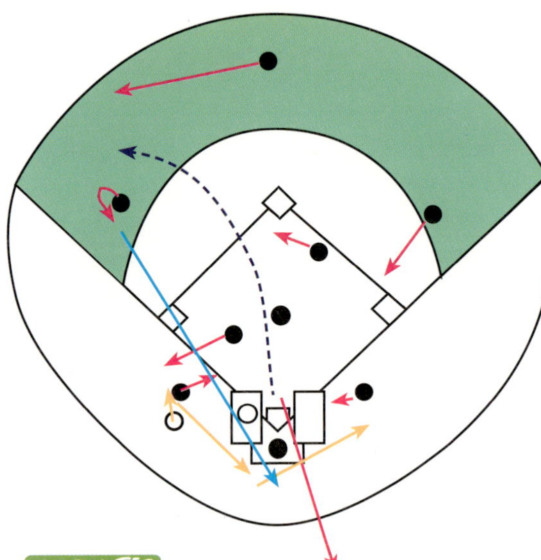

중계 플레이는 3루수가 한다.

야구용어 Tip

태그업 타자의 타구가 플라이 볼 일때 주자가 베이스를 밟은 상태에 있다 수비팀이 그 플라이 볼을 잡는 순간, 다음 베이스를 향해 달려가는 동작 말한다(리터치 또는 터치업이라고도 한다).

중견수 플라이

1루수가 홈 베이스 송구를 커버한다. 3루수는 주자의 베이스 리드를 확인. 투수는 홈 베이스 송구를 커버한다.

중견수를 커버하러 가는 우익수

1루수는 자신의 판단으로 볼과 일직선상에 선다. 포수의 지시를 듣고 조정한다.

1루수가 중계 플레이에 들어가지만, 우선 자신의 판단으로 중견수와 홈 베이스 사이의 일직선상에 선다. 2루 베이스를 기준으로 삼으면 일직선상이 되기 쉽다. 중견수의 포구 위치와 어깨를 생각해 포수의 지시로 거리를 조정한다.

중견수는 뒤로 조금 돌아 포구하여 홈 베이스를 향해 힘껏 던진다.

우익수, 좌익수는 중견수의 타구처리를 커버한다. 좌익수는 중견수 플라이가 정상 위치에서 좌측이라면 다음 플레이를 위해 3루선상으로 이동한다.

3루수는 3루 주자의 베이스 리드를 확인한다.

투수는 홈 베이스를 커버한다.

중견수 플라이, 백홈(무사 또는 1사, 주자3루)

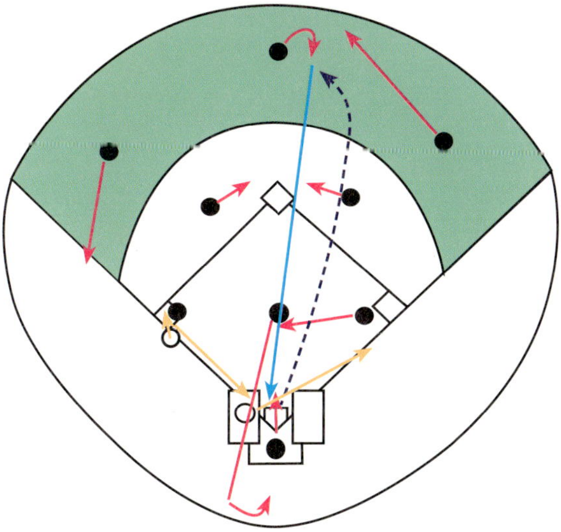

3루 주자의 리드를 확인하는 3루수

중계 플레이는 1루수가 한다.

04 4/5

주자가 3루에 있을 때

우익수 플라이

2루수가 홈 베이스 송구를 지시. 1루수가 중계 플레이에, 투수가 홈 베이스 송구 커버.

낮고 강하게 볼을 중계 플레이하는 1루수에게 송구.

무사 또는 1사에서의 우익수 플라이 볼은 주자가 진루하는 케이스.

우익수는 뒤로 조금 돌아가서 홈 방향으로 포구하여 그 자세를 유지하면서 낮고 강하게 볼을 중계 플레이하는 1루수에게 송구한다.

1루수가 중계 플레이하러 달려가는데, 우익수와 홈 베이스의 일직선상에서 우익수의 어깨와 컨트롤을 판단하여 우익수와의 거리를 계산한다.

2루수는 우익수의 송구를 지시한다.

3루수는 3루 주자의 리드를 확인한다.

유격수는 2루 베이스를 커버한다.

투수는 홈 베이스를 커버한다.

좌익수는 다음 플레이를 위해 좌익 선상으로 이동한다.

우익수는 포구하면 강하게 홈 베이스로 던진다.

중견수는 우익수를 커버하러 간다.

우익수 플라이, 백홈(무사 또는 1사, 주자3루)

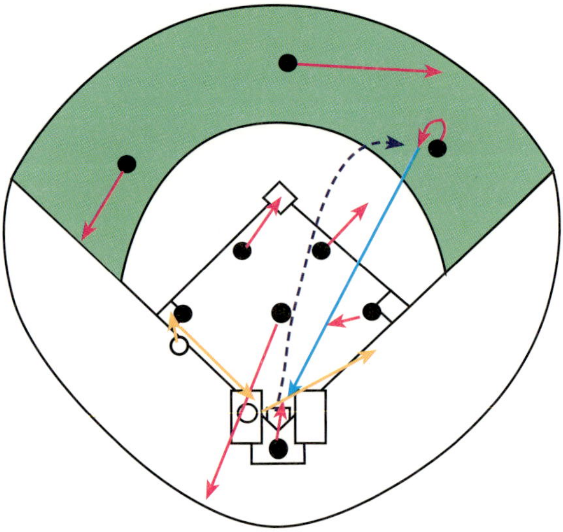

외야의 파울플라이

진루하는 3루 주자를 아웃시킬 수 없는 파울 볼은 잡지 않는다.

3루 주자를 홈에서 아웃시킬 수 없는 파울 플라이는 잡지 않는다.

1점도 주면 안되는 경우에 외야의 파울 플라이는 잡지 않는다.

무사 또는 1사, 주자 3루에서 외야의 파울 플라이 볼을 외야수가 잡지 않는 것이 기본.

야구에서는 1점도 주지 않아야 할 때가 있다. 그런 상황에서 외야 선상으로 날아오는 볼은 설사 안타가 되는 경우가 있더라도 잡지 않는다.

좌측 파울 플라이는 **유격수**가 좌익수에게 가까이 다가가 포구할 것인가 아닌가를 지시한다.

우측 파울 플라이 볼은 **2루수**가 우익수에게 가까이 다가가 포구할 것인가 아닌가를 지시한다.

또한 파울 플라이 지역이 넓은 경기장에서는 유격수나 2루수가 잡을 수 있는 볼이라도 진루할 가능성이 있다. 이러한 경우에는 잡지 않는다.

좌익수 파울 플라이(무사 또는 1사, 주자3루)

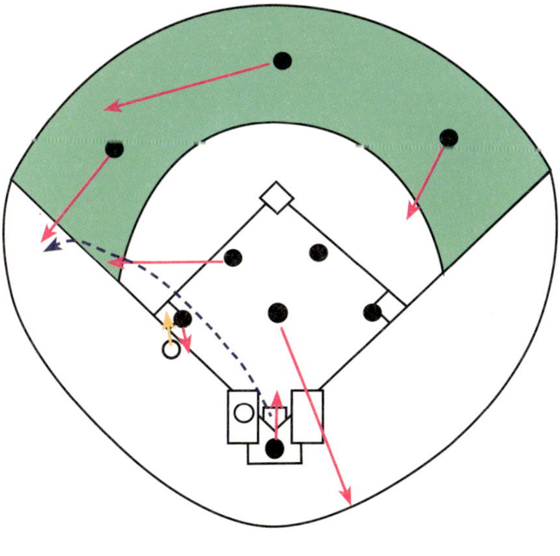

3루 주자를 홈에서 아웃시킬 수 있는 파울 플라이는 잡는다.

포구하면 재빠르게 3루수에게 송구

04 5/5

주자가 3루에 있을 때

스퀴즈번트 저지(런다운 플레이)

스퀴즈번트를 저지했다면 포수는 전력으로 주자를 뒤쫓아가 한 번에 아웃시킨다.

3루와 홈 베이스 사이의 3루 베이스 앞에서 송구하여 아웃시킨다.

런다운 플레이에 걸리면 3루 방향으로 주자를 몰아놓고 한 번의 송구로 아웃시킨다.

스퀴즈번트를 저지하여 3루와 홈 베이스 사이에 주자가 걸리면 포수는 전력으로 달려나가 주자를 뒤쫓는다. 3루 베이스 근처에서 3루수에게 송구하여 한 번에 아웃시키는 것이 런다운 플레이의 기본.

포수는 3루수가 볼 수 있도록 볼을 오른손에 들고 높게 들어올려 송구할 수 있는 자세로 주자를 쫓는다.

3루수는 3루 베이스 조금 앞에서 포수와 주자가 겹쳐지지 않는 위치에서 기다린다.

투수는 홈 베이스로 들어간다.

유격수는 3루 베이스 뒤쪽으로 간다.

좌익수는 3루 베이스를 커버한다.

1루수는 홈 베이스를 커버한다.

스퀴즈번트를 피했다면 전속력으로 주자에게 달려가는 포수

한번에 아웃시키는 포수

스퀴즈번트 저지(무사 또는 1사, 주자3루)

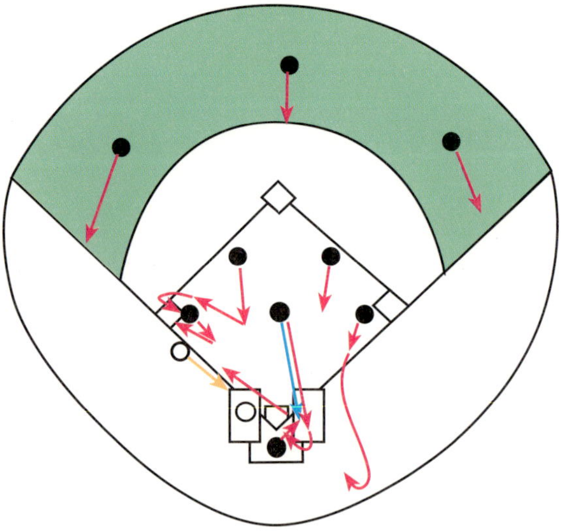

사인 작전

3루수와 1루수가 전진, 주자의 리드를 크게 하도록 하고 유격수가 3루 베이스로.

타자방향으로 달려나오는 3루수

사인직전에 의한 3루 견제(무사 또는 1사, 주자3루)

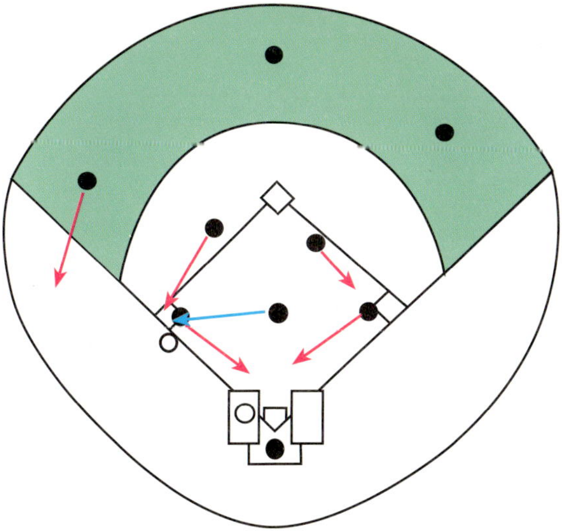

스퀴즈번트의 사인이 나왔을 때에 유효하다.

3루수, 1루수가 타자방향으로 달려나간다. 이 움직임에 의해 3루 주자는 투수가 던질 것이라고 예상하여 베이스로부터 리드를 크게 한다.

2루수가 1루 베이스로 들어간다.

유격수가 3루 베이스로 들어간다.

좌익수는 투수로부터의 3루 견제구를 커버한다.

포수로부터 사인이 나와 투수가 3루 견제구를 던진다.

유격수가 3루 베이스로 들어가는 타이밍과 포수로부터 투수에게 보내진 사인의 타이밍이 중요하다.

악송구가 나오면 1점을 주기 때문에 확실하게 플레이한다.

3루 베이스로 향하는 유격수

투수로부터의 견제구를 기다리는 유격수(우)

견제구를 받아 주자에게 달려가려고 하는 유격수

05 1/6

주자가 1, 2루 일 때

더블플레이 태세의 기본형

2루 더블 플레이가 기본. 1루, 3루 땅볼은 베이스를 밟고 나서 송구.

타구의 방향에 의해 외야수의 커버 플레이 방향이 바뀐다.

무사 또는 1사, 주자 1, 2루에서 타자가 타격을 하면 2루 더블 플레이가 기본.

유격수와 2루수는 2루 베이스 가까이서 수비하는데, 너무 가깝게 붙어 있으면 2, 3루 간과 1, 2루 간이 많이 비어있기 때문에 안타가 될 가능성이 많아진다.

투수 앞 땅볼이나 3루 땅볼에서도 보기 좋게 2루 베이스로 들어갈 정도의 위치에서 수비한다.

투수, 2루수, 유격수 앞 땅볼은 2루에서 더블 플레이할 수 있지만, 3루 땅볼이나 1루 땅볼은 포구 위치가 베이스에 가까우면 베이스를 밟고 나서 1루 또는 3루에 송구해도 좋다.

또한 포수 앞 땅볼이 3루 선상으로 흐르면 3루로 송구하는 것이 더블 플레이하기 수비다.

송구가 악송구가 되고 외야수의 커버가 늦어지면 볼이 외야로 굴러가는 사이에 주자가 진루하기 때문에 외야수의 커버링이 특히 중요하다.

타구가 날라가는 방향에서 따라 외야수의 커버링이 달라진다.

유격수는 주자의 뒤에 위치하여 사인으로

타구	투구, 송구	송구2	야수의움직임	주자의움직임

더블 플레이 태세(무사 또는 1사, 주자1, 2루)

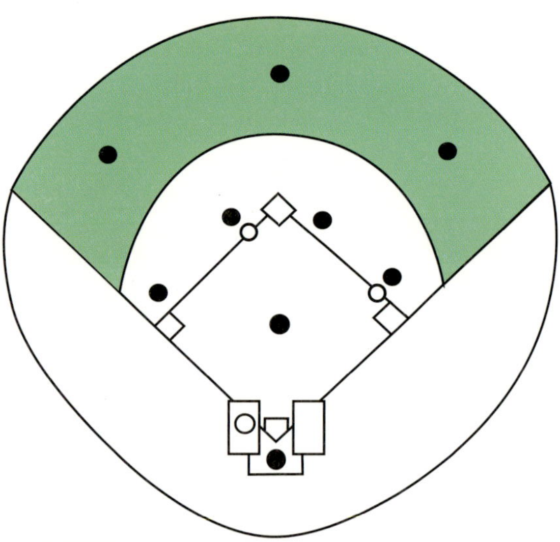

야구용어 Tip

더블 플레이 야구경기에서 수비팀이 연속된 수비동작으로 공격팀 선수 2명 동시에 아웃시키는 것(겟투, 병살이라고도 말한다).

번트 수비 태세의 기본형

투수는 3루 쪽으로 달려간다. 병살이기 때문에 3루에서 아웃시킨다.

1루 베이스로 들어가는 2루수

투수, 1루수가 번트 타구를 처리.

타자가 번트 자세를 취하면 **1루수**가 전진한다. **투수**는 투구 후 재빠르게 3루 쪽으로 달려간다.

번트를 했다면 3루 쪽은 투수가 포구하고, 1루 쪽은 1루수가 번트 타구를 처리하여 3루에 송구한다. 병살이기 때문에 이 수비 태세는 주자를 3루에서 아웃시킬 수 있다.

2루수가 1루 베이스로 들어간다.

유격수가 2루 베이스로 들어간다.

좌익수는 3루 송구를 커버한다.

중견수는 2루 베이스를 커버한다.

우익수는 1루 송구를 커버한다.

3루 송구가 늦었을 때는 1루 베이스로 들어간 2루수에게 송구한다.

번트 수비 태세(무사, 주자1, 2루)

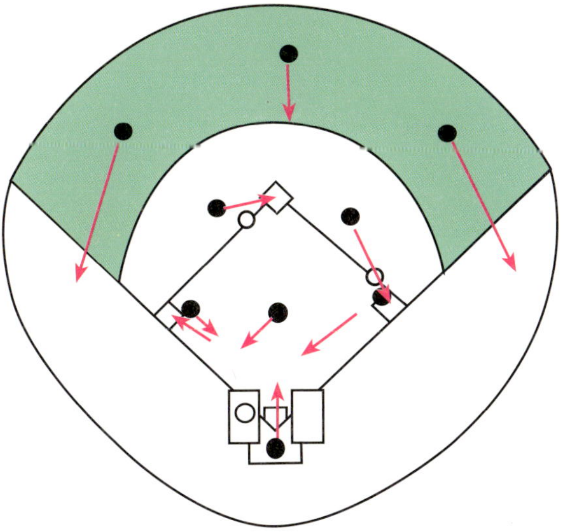

앞으로 달려 나오는 1루수와 1루 베이스를 향하는 2루수

3루로 송구하는 포수

05 2/6

주자가 1, 2루 일 때

3루 앞 땅볼

2루 더블플레이. 베이스를 밟고 2루 또는 1루에 송구. 외야수가 커버 플레이.

중견수의 커버 플레이가 중요.

정면으로부터 3루 쪽 타구는 2루 더블플레이.

베이스와 가깝다면 베이스를 밟고 나서 1루 또는 2루 송구.

2루수는 송구를 받아 1루에 다시 송구한다.

1루수가 1루 베이스로 들어간다.

유격수는 타구를 쫓아 3루수를 커버한다. 그리고 그대로 3루 베이스로 들어간다.

좌익수는 3루수의 타구 처리를 커버한다.

중견수는 2루 송구를 커버한다. 이 커버 플레이가 늦으면 악송구가 발생했을 때 주자가 모두 살아 들어올 수 있으므로 중견수의 커버 플레이가 매우 중요하다.

우익수는 1루 송구를 커버하러 간다.

포구해 베이스를 밟는 3루수

베이스는 밟고 2루를 쳐다보는 3루수

2루에 송구하는 3루수

3루 땅볼(1사, 주자1, 2루)

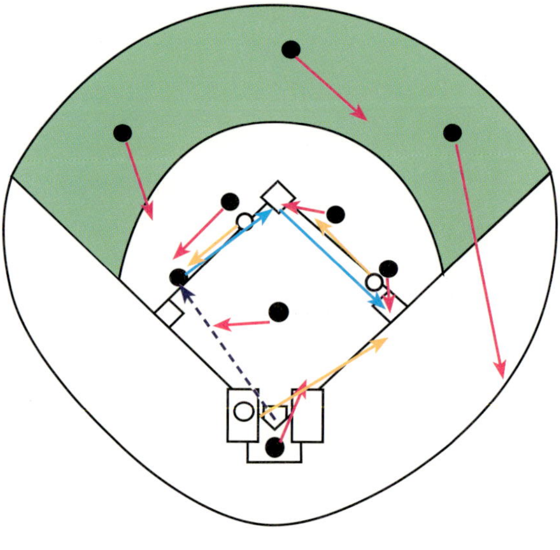

유격수 앞 땅볼

2루 더블 플레이. 우익수는 2루 송구를 커버. 2루와 가까운 타구라면 1루 송구를 커버.

유격수로부터 2루 송구를 커버하러 가는 우익수

유격수 앞 땅볼(1사, 주자1, 2루)

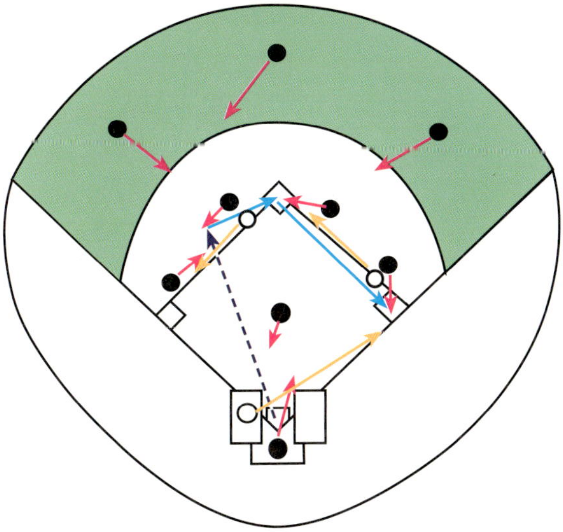

2, 3루 간의 땅볼에 대한 2루 송구를 커버하는 사람은 중견수로서는 무리.

2, 3루 간의 땅볼을 유격수가 잡아 2루 송구한다. 이 경우에는 주자 1루의 포메이션과 같다.

2루 송구의 커버는 중견수가 달려가는 것이 기본이지만, 중견수로서는 늦을 가능성이 높기 때문에 우익수가 2루 송구를 커버하러 간다.

유격수가 잡아 2루에 송구한다.

2루수는 2루 베이스로 오는 송구를 받아 1루에 다시 송구한다.

1루수가 1루 베이스로 들어간다.

우익수는 2루 송구를 커버하러 간다. 2루 베이스에 가깝게 가는 유격수 땅볼은 1루 송구를 커버하러 간다.

중견수, 좌익수는 유격수의 타구 처리를 커버한다.

2루로부터 1루에 송구하는 것은 송구를 커버할 플레이어가 없기 때문에 확실하게 송구한다. 만약 악송구가 나왔다면 1루수, 포수가 볼을 쫓고 투수가 홈 베이스로 들어간다.

2루 송구를 커버하는 우익수

1루로 송구하는 2루수

05 3/6

주자가 1, 2루 일 때

좌익수 앞 안타

백 홈으로 2루 주자를 홈에서 아웃시킨다. 그리고 1루 주자의 3루 진루를 저지.

3루수가 중계 플레이를 하고 유격수가 3루 베이스로 들어간다.

2, 3루 간을 빠져 좌익수 앞 안타의 경우에 3루수가 홈 베이스 송구를 중계하러 가고 유격수가 좌익수에게 송구 지시를 보낸 후 3루 베이스로 들어간다.

기본은 홈으로의 송구이지만 중간에 커트하여 3루로 송구, 2루 송구도 가능하다. 그리고 1루 주자의 3루 진루를 저지하는 것이 최저 목표.

좌익수는 전속력으로 앞으로 달려나와 포구했다면 낮은 볼로 중계 플레이하는 3루수에게 송구.

3루수는 좌익수와 홈 베이스 사이의 일직선상에 서서 중계 플레이한다. 커트할 것인가 계속 놓아둘 것인가는 포수의 지시에 따른다.

유격수는 3루 베이스로 들어간다.

중견수는 좌익수의 타구처리를 커버하는데 늦지 않도록 한다.

투수는 홈 베이스를 커버하러 간다.

2루수는 2루 베이스로 들어간다.

1루수, 우익수는 다음 플레이를 위해 준비한다.

앞으로 달려나와 포구하는 좌익수

좌익수 앞 안타(1사, 주자1, 2루)

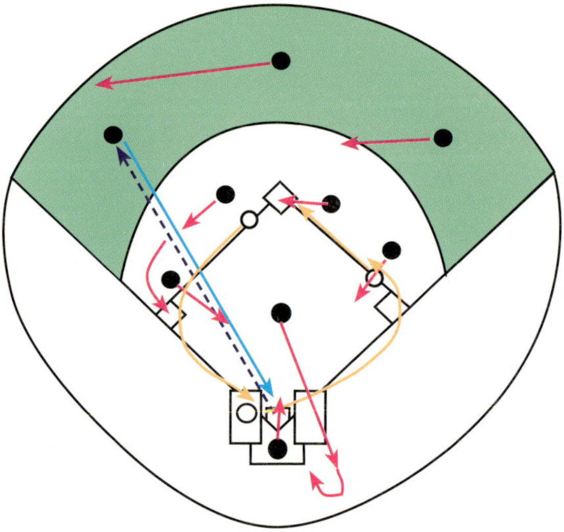

3루 베이스로 들어가는 유격수

중견수 앞 안타

중계 플레이하러 들어온 1루수 머리 높이의 홈으로 던진다. 중계 플레이하는 사람은 커트하여 각루에 송구도 가능.

홈베이스로 송구하는 중견수

주자 2루의 포메이션과 같지만 다음 플레이가 있다.

중견수는 달려 나와 타구를 잡고 그 힘으로 홈 베이스로 던진다. 중계 플레이하는 1루수의 머리 높이로 던진다.

좌익수와 **우익수**는 중견수의 타구 처리를 커버한다.

1루수가 중견수와 홈 베이스 사이에 일직선상으로 이동하여 중계 플레이를 한다. 포수의 지시로 홈 송구를 커트하여 각 루에 있는 주자에게 송구할 수도 있다.

유격수는 2루 베이스로 들어간다.

3루수는 3루 베이스로 들어간다.

투수는 홈 베이스를 커버한다.

포수는 홈 베이스 앞에서 플레이한 후, 또는 홈 베이스 플레이를 그만두고 다음 플레이를 우선해야 할 경우가 생기기 때문에 항상 다음 플레이를 생각해 둔다.

중견수 앞 안타(1사, 주자1, 2루)

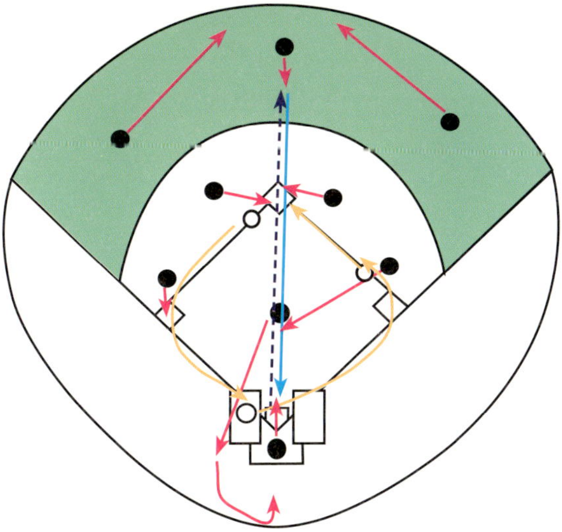

중견수를 커버하러 가는 우익수

중계를 플레이하는 1루수

05 4/6 주자가 1, 2루 일 때

우중간 2루타

1루 주자의 홈 런닝과 타자 주자의 3루 진루를 저지. 2루수의 위치와 볼을 어디로 던질 것인가가 중요.

2루 주자의 홈 생환은 저지할 수 없다. 1루 주자의 생환을 저지.

주자 1루의 포메이션과 동일하다.

우중간으로 날아간 장타코스는 2루 주자의 생환을 막을 수 없다. 1루 주자의 생환과 타자 주자의 3루 진루를 저지하는 포메이션.

우익수나 **중견수**가 타구를 처리하고 한 쪽이 커버하러 간다.

2루수가 중계 플레이를 한다. 타구를 처리하는 사람과 홈 베이스 사이에 일직선이 되도록 재빠르게 달려간다. 중계 플레이어가 두 사람 필요할 때는 **1루수**가 제2의 중계 위치로 들어간다.

유격수는 2루수를 커버하러 간다.

좌익수는 3루 송구를 커버한다.

투수는 3루, 홈 베이스 사이의 송구를 커버, 또는 3루 송구를 커버하러 간다.

홈 베이스에 송구가 늦어 3루에 던질 수밖에 없을 때는 **2루수**가 타구 처리자와 3루와의 일직선으로 재빠르게 이동한다. **유격수**는 제2의 중계 위치로 간다.

3루수는 3루 베이스로 들어간다.

투수도 3루 송구를 커버한다.

포수는 앞으로 나와 송구 위치를 지시한다.

홈베이스를 커버하는 투수

우중간 장타 코스(주자1, 2루)

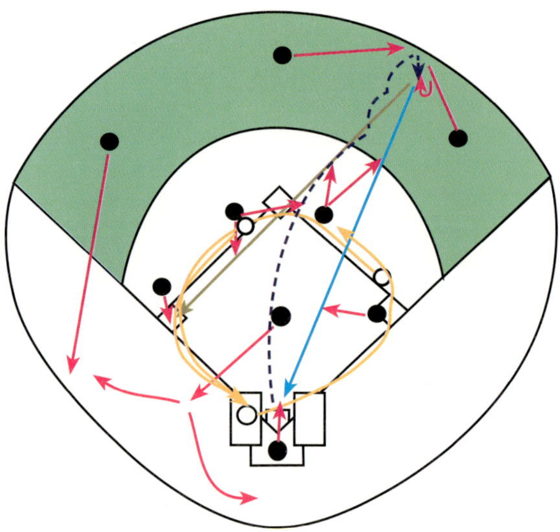

야구용어 Tip

생환 타자가 주자가 되어 1, 2, 3루를 순차로 거쳐 본루로 돌아와서 득점하는 것.

우중간 텍사스성 안타

기본은 백 홈. 주자의 움직임에 의해 송구할 곳과 포메이션이 변한다.

타구를 쫓는 중견수(좌)와 2루수

우중간에 떨어지는 안타(무사 또는 1사, 주자 1, 2루)

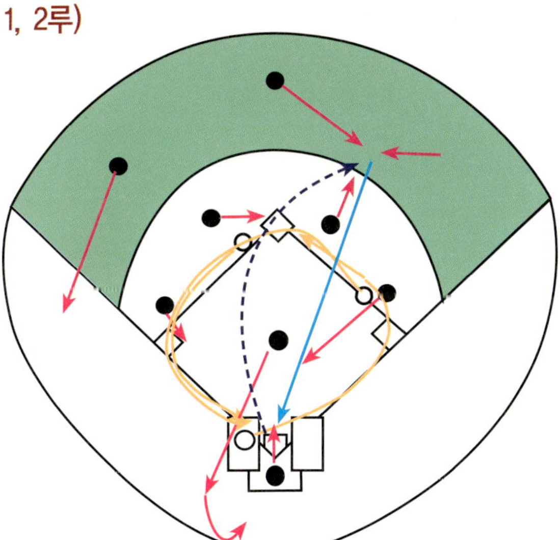

구용어 Tip

사스 안타 빗맞은 타구가 내야수와 외야수의 어느 선수도 잡을수 없는 삼지대 한가운데로 떨어지는 안타.

주 주자가 아웃될 만큼 무모하게 주루를 하는 것.

잡을 수 있을까? 못 잡을 것인가 헷갈리는 플라이 볼은 주자도 달리기 어렵다. 주자는 중간 정도에서 판단한다. 그렇기 때문에 스타트가 늦어져 홈에서 아웃시킬 수 있는 가능성이 높다.

2루 주자를 홈에서 아웃시킬 수 있는 포메이션으로 수비한다.

중견수, 우익수, 2루수가 타구를 처리한다. 목소리를 높여 누가 잡을 것인가를 콜한다.

1루수는 홈 베이스 송구를 중계 플레이한다.

유격수는 2루 베이스로 들어간다.

3루수는 3루 베이스로 들어간다.

투수는 홈 베이스를 커버하러 간다.

좌익수는 3루 베이스로 커버하러 간다.

타구를 처리하는 사람은 홈 송구를 기본으로 생각하지만 1, 2루에 주자가 있기 때문에 포수의 지시를 따라 그 쪽으로 송구한다.

또한 노바운드로 포구했을 때에나 원바운드로 포구한 경우에도 각 루상의 주자가 폭주하고 있을 경우가 많기 때문에 당황하여 송구하지 말고 포수나 다른 야수의 지시에 따른다.

타구를 잡아 2루수에게 던져주는 우익수(우)

05 5/6

주자가 1, 2루 일 때

우익수 앞 안타

기본은 백 홈 태세이지만, 3루, 1루 송구도 가능.

주자 2루의 포메이션과 동일. 다른 포메이션으로 이행할 수도 있다.

우익수는 2루 주자를 생환시키지 않도록 힘껏 홈으로 던진다.

중견수는 우익수의 타구 처리를 커버한다.

1루수가 우익수와 홈 베이스 사이에 일직선으로 이동하여 중계 플레이를 한다.

2루수는 1루 베이스로 들어간다.

유격수는 2루 베이스로 들어간다.

3루수는 3루 베이스로 들어간다.

투수는 홈 베이스 송구를 커버한다.

포수는 홈 베이스 위에서의 플레이를 마친 후, 또는 홈 베이스에서의 플레이를 그만두고 다음 플레이를 먼저 해야 할 경우가 생기기 때문에 항상 다음 플레이에 대해 생각해 둔다.

타구가 중앙으로 뻗어 홈 베이스에서의 아웃이 어렵다고 판단했을 때 3루로 송구할 수 있다. 이러한 경우는 유격수가 중계 플레이를 하고 좌익수가 3루 송구를 커버하러 간다.

또한 2사일 경우나 2루 주자가 홈 베이스를 노리고 있지 않을 때 우익수 앞 땅볼을 노리는 송구도 있다. 이러한 경우는 1루수가 중계 플레이를 하지 않고 1루 베이스로 들어간다.

홈으로 송구하는 우익수

우익수 앞 안타(주자1, 2루)

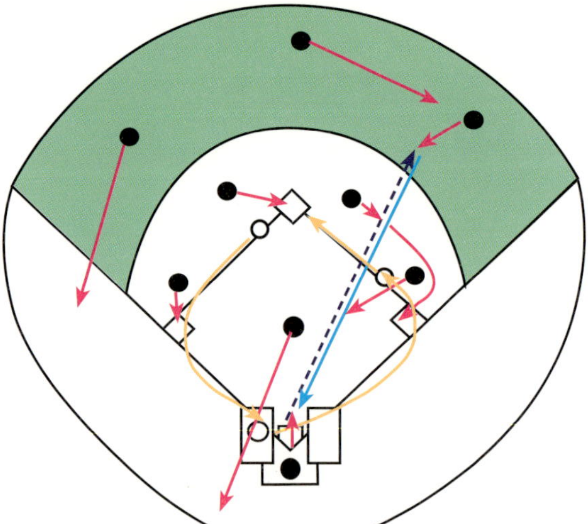

우익수 선상의 플라이

백 홈. 2루수가 중계 플레이 위치로 간다. 좌익수, 투수는 3루 송구를 커버.

주자를 태그하는 3루수

우익수 선상의 플라이(주자1, 2루)

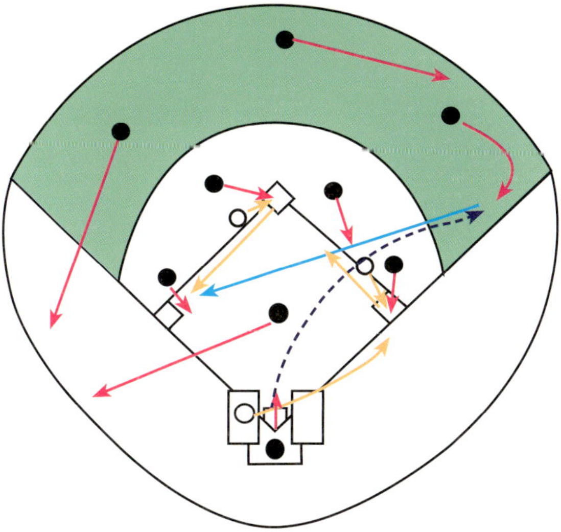

1루 주자의 진루를 허용하지 않는다.

이러한 경우는 주자 2루의 포메이션과 동일하다. 1루 주자의 2루 진루를 허용하지 않는다.

무사 또는 1사로 우익 선상 깊게 날아오는 플라이 볼로 2루 주자의 진루를 저지하기는 어렵다. 그러나 1루 주자까지 2루로 진루시켜서는 안된다.

1루 주자를 2루에 진루시키지 않기 위해서도 우익수가 중계 플레이인 2루수에게 정확하게 송구한다.

우익수는 타구를 잡아 중계 플레이하는 2루수에게 정확히 송구한다.

2루수는 우익수와 3루 베이스 사이의 일직선상에 서서 중계 플레이한다.

유격수가 2루 베이스로 들어가 2루 주자의 리드를 확인한다.

3루수는 3루 베이스로 들어간다.

1루수는 1루 주자의 리드를 확인한다.

좌익수, 투수는 3루 송구를 커버하러 간다.

우익수로부터 3루 중계 플레이에 들어가는 2루수

중계 플레이에 의해 3루로 송구하는 2루수

05 6/6

주자가 1, 2루 일 때

사인 플레이-1

1루수가 크게 베이스에서 떨어져 있으면서 주자의 허를 찔러 1루에서 견제 아웃.

1사 또는 2사일 때 사용.

1사 또는 2사, 주자 1, 2루에서는 1루수가 베이스에 붙어있지 않고 주자의 뒤로 가서 수비한다.

1루 베이스가 비어있기 때문에 주자는 크게 리드를 하거나 허를 찌르는 주자도 있다. 그런 주자를 아웃시키는 사인 플레이.

1루수는 크게 베이스를 벗어나 1루 주자를 안심시킨다.

포수가 1루 견제구 사인을 보낸다.

투수가 셋 포지션에 들어간 것을 확인하고 **1루수**는 타이밍에 맞춰 1루 베이스로 들어간다.

포수로부터 사인이 나오고 **투수**는 1루를 견제한다.

우익수는 1루수의 움직임과 동시에 1루 견제를 커버하러 간다.

좌익수는 다음 플레이에 대비하여 좌익 선상으로 이동한다.

1루 베이스로 들어가는 1루수

포수로부터 사인이 나와 1루에 견제구를 던지는 투수

사인에 의한 작전(1사 또는 2사, 주자1, 2루)

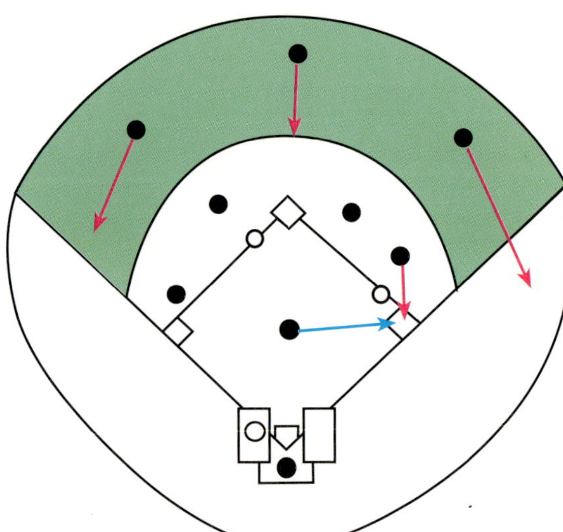

사인 플레이-2

스트라이크를 던져 번트를 하게 한다. 타구를 처리하는 사람은 머뭇거리지 않고 3루로 송구한다.

타자쪽으로 달려나와 번트 타구를 처리하는 3루수

사인에 의한 작전(무사, 주자1, 2루)

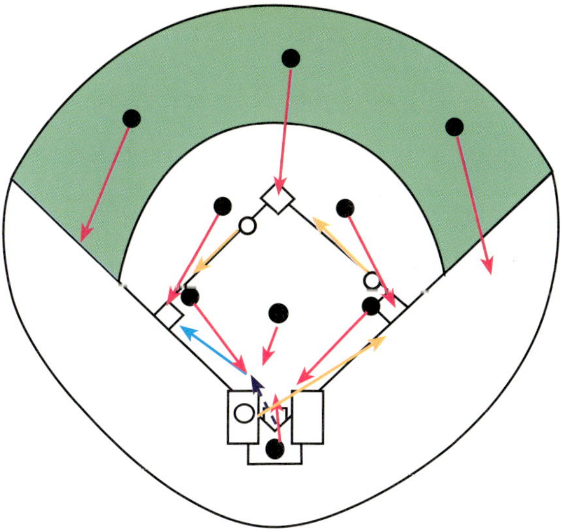

반드시 3루에서 아웃시키고 싶다고 할 때의 사인 플레이.

주자가 리드를 선점하지 못하도록 하기 위해 주자 2루의 픽업 플레이(투수나 포수로부터의 견제)를 사용하고 나서 이 사인 플레이를 사용하는 것이 좋다.

1루수, 3루수가 타자 방향으로 달려간다(타자가 번트자세를 취하지 않고 타격하려는 자세를 취하면 정지하여 타구에 대비한다).

유격수는 3루 베이스로 들어간다.

투수는 스트라이크를 던져 번트를 하게 한다.

타구를 처리하는 사람은 볼을 잡은 후, 망설이지 말고 3루로 송구한다.

2루수는 1루 베이스로 들어간다.

좌익수는 3루 송구를 커버하러 간다.

우익수는 1루 송구를 커버하러 간다.

중견수는 누구도 들어가 있지 않은 2루로 들어간다.

더블 플레이도 노릴 수 있기 때문에 유격수는 포구 후 1루 송구. 단, 늦었다고 생각했을 때에는 던지지 않는 것이 좋다.

투구의 타이밍을 잡는 투수

번트를 처리하고, 3루로 들어간 유격수에게 송구하는 3루수

야구용어 Tip

픽업 플레이 일종의 뒤를 봐주는 플레이다. 즉, 2루수가 1루수의 수비위치에 가면 유격수가 2루수 수비 픽업을 하게 된다. 또 포수가 1루쪽으로 달려가서 하는 픽업 플레이 역시 많은 훈련으로 몸에 익히게 하는 훈련이다.

06 1/4

주자가 1, 3루 일 때

중간 수비의 기본형

더블 플레이를 노리는 중간 수비. 내야 땅볼은 망설이지 말고 2루에 송구.

아웃 카운트를 늘리기 위한 포메이션.

주자 1, 3루의 경우는 몇 회, 점수 차, 아웃 카운트로 포메이션이나 송구할 곳이 바뀐다.

무사 또는 1사, 주자 1, 3루에서 아웃 카운트를 늘리고 싶을 때는 2루 더블 플레이가 기본.

평범한 땅볼은 망설이지 말고 2루에 송구. 2루로부터 1루에 송구하여 투 아웃을 잡는다.

1루수는 베이스에 붙어 1루 주자를 자유롭게 하지 못하도록 한다.

2루수는 정상 위치로부터 조금 2루 베이스 쪽으로 붙어서 수비.

유격수도 조금 2루 쪽으로 붙어서 수비한다.

3루수는 베이스에 붙지 말고 정상 위치에서 수비한다.

더블 플레이, 더블 스틸에 대비하여 2루 베이스에 붙어 수비하는 유격수

타구	투구, 송구	송구2	야수의움직임	주자의움직임

더블 플레이 태세(무사 또는 1사, 주자1, 3루)

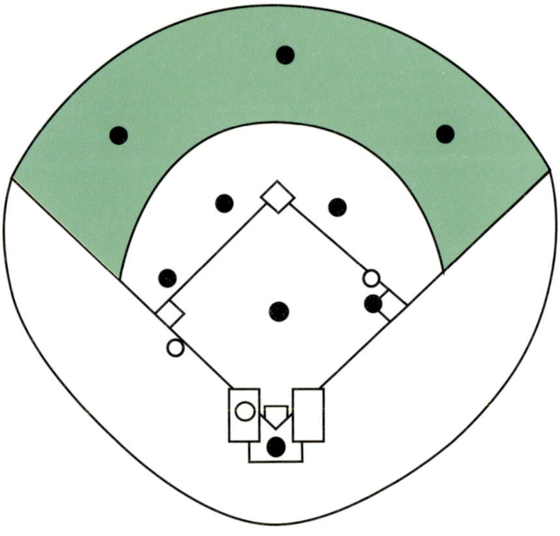

2루 베이스에 붙어 수비하는 2루수

우익수 앞 안타

3루로 송구하여 1루 주자의 3루 진출을 저지. 우익수 앞 땅볼도 있다.

1루 베이스로 들어간 우익수로부터의 송구를 받는 투수

우익수 앞 안타. 3루 송구와 우익수앞 땅볼도 있다(주자1, 3루)

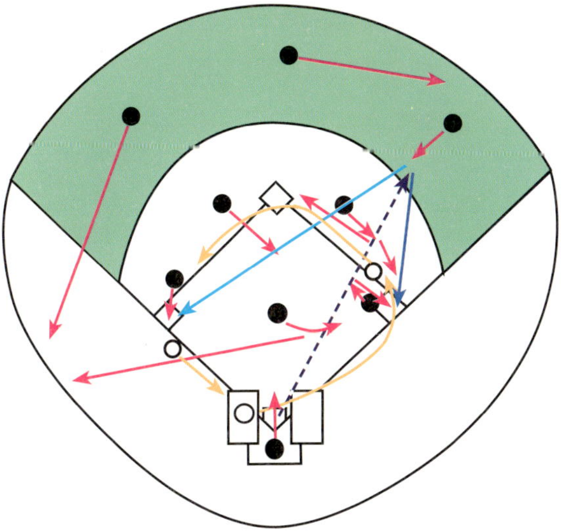

1점을 주고, 계속해서 1, 3루의 케이스를 저지한다.

이러한 경우는 안타이기 때문에 3루 주자를 아웃시키기는 어렵다. 1루 주자를 3루까지 진루시키지 않도록 하고, 진루해도 3루에서 아웃시킬 수 있는 포메이션을 취하는 것이 기본.

단, 우익수 앞 땅볼도 있다.

우익수가 빠르게 달려 나와 타구를 처리한다.

중견수는 타구 처리를 커버하러 가면서 송구에 대해 지시한다.

유격수가 3루 송구를 위한 중계 플레이 위치로 간다.

2루수는 타구를 쫓아가면서 2루로 들어간다.

1루수는 타구를 쫓아가면서 우익수 앞 땅볼의 가능성이 있으면 1루 베이스로 접근한다.

투수, 좌익수는 3루 송구를 커버하러 간다.

포수는 홈 베이스 앞으로 나와 송구에 대해 지시한다.

투수는 1, 2루 간의 땅볼이라면 1루 베이스로. 타구가 내야를 빠져나가 우익수 앞 땅볼로 보이면 그대로 1루 베이스로 들어간다. 안타가 되어 3루로 던지게 되면 3루 커버에 들어간다.

1루 베이스를 향하는 투수

3루 베이스 커버에 들어가는 투수와 좌익수

06 2/4

주자가 1, 3루 일 때

런다운 플레이(3루와 홈 베이스)

한 번의 플레이로 협살하여 1루 주자의 3루 진루를 허용하지 않는다.

3루 쪽으로 몰아붙여 한 번에 아웃시킨다.

스퀴즈번트 실패 등으로 3루와 홈 베이스 사이의 런다운 플레이가 되었을 때 포수는 전력으로 주자를 3루 방향으로 몰아붙인다. 한 번에 아웃시키는 것이 기본.

그리고 1루 주자를 3루까지 진루시켜서는 안된다.

스퀴즈번트를 저지했다면 **포수**는 전력으로 3루 주자를 뒤쫓는다.

3루수는 3루 베이스로 들어간다.

유격수는 3루 베이스 부근으로 접근하여 다음 플레이를 준비한다.

2루수가 2루 베이스로 들어간다.

1루수가 1루 베이스로 들어간다.

투수가 홈 베이스를 커버한다.

좌익수는 3루 송구를 커버한다.

중견수는 2루 베이스를 커버한다.

우익수는 1루 베이스를 커버한다.

주자를 3루 방향으로 뒤쫓는 포수

3루 주자를 쫓는 포수

3루와 홈 사이의 런다운 플레이(무사 또는 1사, 주자1, 3루)

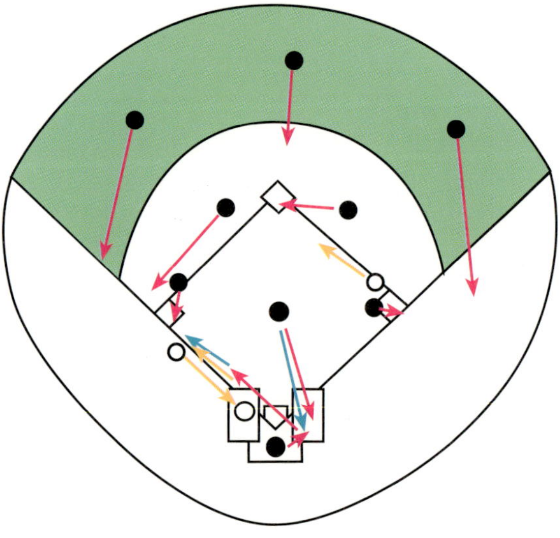

런다운 플레이(1, 3루)

1루 주자를 협공할 때 3루 주자의 생환을 허용해서는 안된다. 3루 주자를 아웃시키는 것이 최우선 과제.

1루 주자에게 달려가는 2루수

1, 2루간 런다운 플레이(무사 또는 1사, 주자1, 3루)

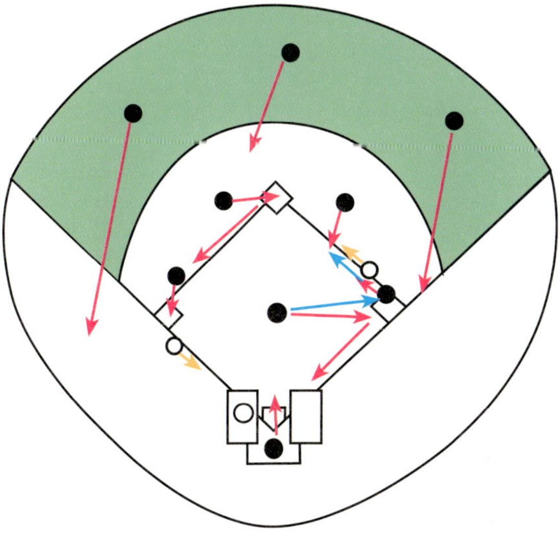

1루 주자를 빠르게 아웃시킨다.

위장 투구 등으로 1루 주자를 협공할 때는 2루수가 1, 2루 간에 끼어들어 빨리 아웃시킨다.

3루 주자가 스타트를 했다면 3루 주자를 아웃시키는 것이 우선.

투수가 3루로 던지는 척하면서 1루를 견제하고 1루 주자를 협공한다.

1루수는 3루 주자를 확인하고 1루 주자를 2루 방향으로 뒤쫓는다.

2루수가 선안으로 들어와 1루수로부터 볼을 받아 1루 주자를 터치한다. 터치가 불가능하면 1루 쪽으로 뒤쫓는다.

3루 주자가 스타트를 했다면 홈으로 송구하여 3루 홈 베이스 사이에서 협살한다.

유격수는 2루 베이스로 들어간다.

3루와 홈 베이스 사이의 플레이라면 3루 베이스로 재빨리 들어간다.

투수는 1루 베이스로 들어간다. 런다운 플레이가 3루와 홈 베이스 사이에서 벌어졌다면 홈 베이스를 커버한다.

3루수는 3루 베이스로 들어간다.

좌익수는 3루와 홈 베이스 사이의 연장선상에서 커버한다.

중견수는 2루 베이스 송구를 커버한다.

우익수는 1루 베이스를 커버한다.

포수는 베이스 앞으로 나와 지시한다.

1루 주자에게 달려간 후 3루 주자를 쳐다보는 2루수

06 3/4

주자가 1, 3루 일 때

포수 뒤의 파울 플라이

2루에 송구하는 것을 피한다. 2루수가 마운드 근처까지 접근하여 중계 플레이한다.

투수가 홈 베이스로 들어간다. 유격수가 2루 베이스로 들어간다.

포수 뒤로 뜨는 파울 볼로 1루 주자가 스타트를 끊으면 포수가 2루로 송구하는 것은 좋지 않다. 직접 2루 베이스로 던지면 3루 주자가 넉넉히 홈으로 들어온다. 2루수가 중계 플레이를 하여 3루 주자가 스타트하지 못하도록 1루 주자를 아웃시키는 포메이션을 취하는 것이 좋다.

포수가 타구를 처리한다.

투수가 홈 베이스로 들어온다.

2루수가 마운드 근처까지 접근하여 2루 송구를 중계 플레이한다.

포수는 파울볼을 잡으면 중계 플레이하러 들어온 2루수에게 낮게 던진다.

유격수가 2루 베이스로 들어간다.

좌익수가 3루 베이스를 커버한다.

중견수는 2루 송구를 커버하러 간다.

우익수는 1루 송구를 커버하러 간다.

3루수, 1루수는 각각 주자의 베이스 터치를 확인한다.

포수 위의 파울 플라이를 잡는 포수

마운드 부근에서 중계 플레이 하는 2루수

포수 뒤의 파울 플라이 1루주자는 달리기 시작(무사 또는 1사, 주자1, 3루)

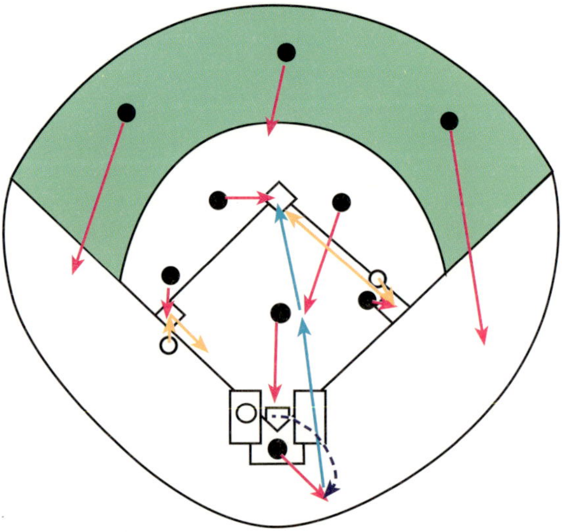

1루 쪽 파울플라이

투수가 1루 베이스로 들어간다. 그리고 중계 플레이를 한다. 3루 주자를 확인하고 2루에 송구.

1루쪽 파울 플라이를 쫓는 1루수

1루쪽 파울 플라이 1루 주자가 달려간다

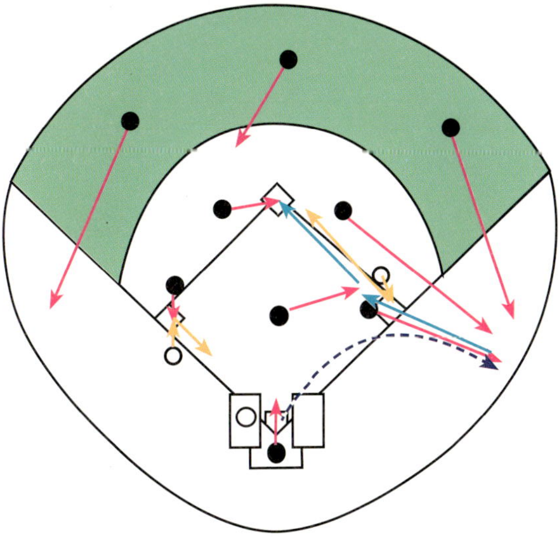

1루 주자의 진루를 아웃시킨다.

1루 쪽에 뜬 파울플라이로도 1루 주자는 3루 주자를 홈에서 살리기 위해 스타트를 끊고 진루하는 경우가 많다.

1루 뒤쪽의 플라이는 우익수, 또는 2루수가 잡기 쉽지만, 누가 잡을 것인가를 소리 질러 표시하는 것이 중요하다.

1루수, 2루수, 우익수는 타구를 처리한다.

3명 중에 볼을 잡은 선수는 재빠르게 중계 플레이어에게 송구한다.

이 경우에는 **투수**가 1루 베이스를 커버하면서 중계 플레이어 역할을 한다.

1루 주자가 스타트하면 타구를 처리하는 사람은 2루에 직접 던지지 않고 중계 플레이하는 투수에게 낮은 볼로 던진다. **투수**는 송구를 받아 3루 주자를 확인하고 2루에 던진다.

유격수가 2루 베이스로 들어간다.

좌익수는 3루 송구를 커버하러 간다.

중견수는 2루 송구를 커버하러 간다.

우익수는 1루 송구를 커버하러 간다.

3루수, 1루수(또는 포수)는 각각 주자의 베이스 터치를 확인한다.

1루 베이스로 들어가는 투수

중계 플레이하는 투수

06 4/4

주자가 1, 3루 일 때

더블 스틸의 대책(유격수 커트)

2루 송구를 유격수가 포구하여 홈 베이스로 송구하던가, 달려오는 1루 주자를 아웃시킨다.

유격수의 판단이 중요.

공격하는 쪽에게 유리하여 여러 가지 작전을 구사할 수 있는 것이 주자 1, 3루이다. 이 때 확실하게 수비하지 않으면 대량 실점을 할 수 있다. 히트 앤드 런이나 더블 스틸을 저지하려는 수비태세가 중요한 포메이션이다.

1루 주자가 달려나오면 **포수**는 낮은 볼로 2루에 송구한다. 1루 주자를 2루에서 아웃시킬 수 있도록 던진다.

유격수는 3루 주자가 스타트하면 앞으로 나와 포구하고 홈에서 3루 주자를 아웃시킨다. 3루 주자가 출발하지 않으면 2루 베이스 위에서 1루 주자를 아웃시킨다.

2루수는 히트 앤드 런에 대비하여 타자의 타격이 끝날 때까지 움직이지 않고, 완료하면 2루 송구를 커버하러 간다.

중견수는 2루 송구를 커버하러 간다.

좌익수는 3루 송구를 커버하러 간다.

우익수는 1루 주자가 1, 2루 사이에서 협공을 당했을 때를 대비하여 1루 베이스를 커버하러 간다.

3루수는 3루 베이스로 들어간다.

유격수 이외는 타자의 타격이 끝나고 나서 움직인다.

2루 송구를 받는 유격수(우)와 커버 플레이하는 중견수

더블 스틸 숏 컷트(무사 또는 1사, 주자1, 3루)

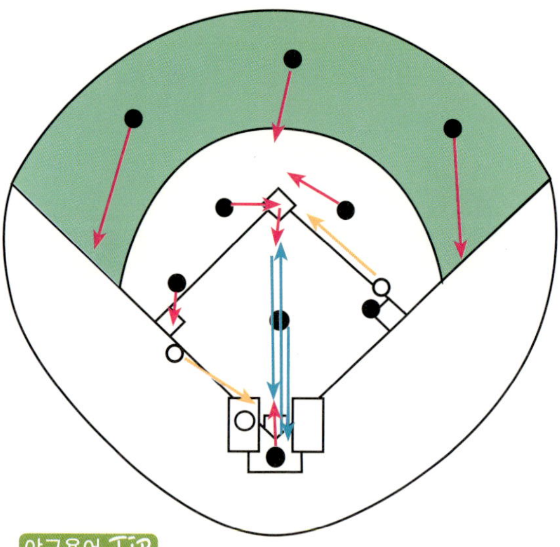

야구용어 Tip

히트 앤드 런 주자는 투수의 투구동작과 동시에 다음 베이스를 향해 달리고 타자는 투수가 던진 공을 무조건 때리는 것을 말한다(공격팀에서 주자의 진루를 확실히 함과 동시에 더블 플레이를 막기 위해 쓰는 작전).

더블 스틸에 대한 대책(2루수 커트)

2루 송구를 2루수가 커트하여 홈에 송구.

1루 주자의 움직임을 확인하는 2루수

더블 스틸 2루수 커트(무사 또는 1사, 주자1, 3루)

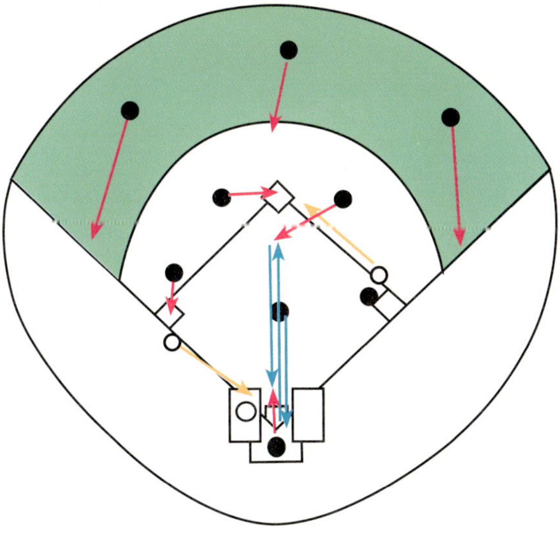

2루수가 판단하고 유격수가 목소리를 높여 지시한다.

더블 스틸을 위한 대책. 1루 주자가 스타트하면 2루수가 투수와 2루 베이스의 중간지점으로 들어와 포수의 2루 송구를 커트하여 홈으로 던진다. 아니면 1루 주자를 그대로 아웃시킬 것인가를 판단한다.

유격수는 2루 베이스로 들어간다.

2루수는 주자가 보일랑 말랑하기 때문에 유격수가 목소릴 높여 지시하는 대로 따른다.

포수는 낮은 볼을 던져 2루로 송구한다. 원바운드 정도가 좋다.

중견수는 2루 송구를 커버하러 간다.

좌익수는 3루 베이스를 커버한다.

우익수는 1루 주자가 1, 2루 사이에서 협공당할 경우가 생기기 때문에 1루 베이스를 커버하러 간다.

3루수는 3루 베이스로 들어간다.

유격수, 2루수 이외는 타자의 타격이 끝나고 나서 움직인다.

2루수와 유격수 간의 움직임을 보고 있는 3루주자

커트하여 홈 베이스로 송구하는 2루수

구용어 Tip

블 스틸 베이스에 있는 두명의 주자가 동시에 도루를 하는 것.

07 1/3

주자가 2, 3루 일 때

전진수비의 기본형

1점도 주지 않아야 할 경우에는 내외야 모두 전진수비로 홈에서 아웃을 노린다.

홈 베이스에서는 **태그 플레이**. 내야 땅볼을 확실하게 아웃시킬 수 있도록 위치를 잘 지킨다.

1점도 주지 않아야 할 때에는 보통 내야 땅볼을 유도하여 발이 빠른 주자도 확실하게 아웃시킬 수 있도록 전진해서 수비한다. 2루 주자에게는 큰 리드를 허용해도 괜찮다.

3루수는 3루 베이스에 붙어 3루 주자가 리드하지 못하도록 한다. 투수가 포구했다면 베이스에서 떨어져 3루간을 크게 벗어나지 않도록 한다.

유격수, 2루수, 1루수는 라인에서 조금 앞으로 나와 수비한다. 내야 땅볼로 1점을 주지 않는 지점까지 나와 수비한다.

외야수는 스타트하는 3루 주자를 홈에서 아웃시킬 수 있는 위치까지 전진하여 수비한다.

1점 승부에서 2, 3루는 수비하기 어렵기 때문에 만루작전을 사용한다.

※ 1점도 주지 않는 경우는 마지막 회나 시합 후반을 향해 가면서 0 대 0, 또는 1점을 주면 패할 경우에 나오는 상황이다.

전진수비하는 유격수

베이스에 붙어서 투구를 바라보는 3루수

타구	투구, 송구	송구2	야수의움직임	주자의움직임

백 홈 태세(무사 또는 1사, 주자2, 3루)

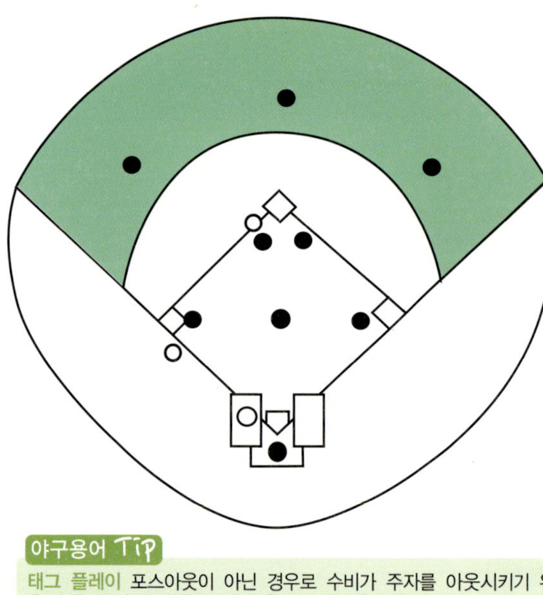

야구용어 Tip

태그 플레이 포스아웃이 아닌 경우로 수비가 주자를 아웃시키기 위해 공은 손을 주자의 신체일부에 접촉하는 동작을 말한다.

2루 주자를 홈에서 살려주지 않는 수비 태세

외야는 전진수비한다. 내야는 정상 수비 위치에서 무사인 경우에는 앞에서 주자의 진루를 막는다.

정상적 위치에서 수비하는 유격수와 전진수비의 중견수

2루 주자를 베이스에 꽁꽁 묶어두는 작전.

1점을 주어도 상관없지만, 2점을 주면 패하는 경우의 수비 태세이다.

내야수는 수비 사이로 볼이 빠져 나가지 않도록 정상 위치에서 수비한다.

단, 2루 주자가 크게 리드하지 못하도록 견제하여 베이스에 꽁꽁 묶어두어야 한다.

외야수는 하나의 안타로 2루 주자가 홈까지 달리지 못할 정도의 위치에서 수비한다.

1사일 경우의 내야 땅볼은 무리하게 홈으로 던지지 말고 타자 주자를 아웃시킨다.

무사일 경우에는 무사, 주자 2루와 같이 사인을 내 작전을 구사하여 2루 주자의 3루 진루를 막는다.

※ 1점은 주어도 좋지만 2점을 주면 안 되는 경우에 마지막 회나 시합이 막바지에 다다랐을 때 사용하는 수비 방법이다.

외야 백 홈 태세(무사 또는 1사, 주자2, 3루)

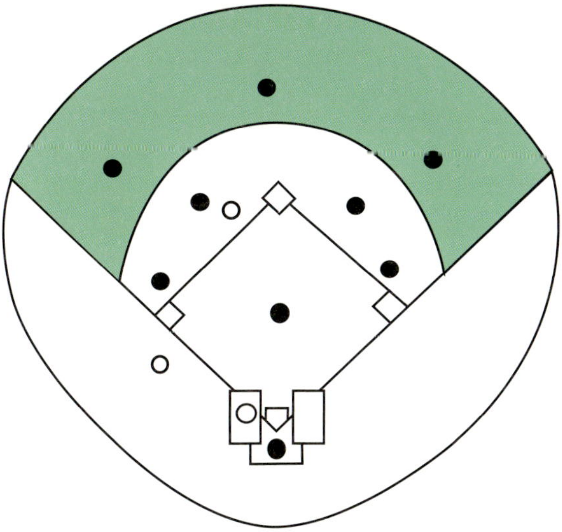

앞으로 나와 포구하여 홈 베이스에 송구하는 좌익수

앞으로 나와 포구하는 중견수

07 2/3

주자가 2, 3루 일 때

2루 주자를 살려주지 않는 중견수 플라이 때의 수비

백 홈. 1점을 아까워하지 말고 2루 주자의 진루를 저지.

중견수 플라이는 2루 주자를 아웃시키기 좋다.

무사 또는 1사에서 중견수 플라이는 백 홈보다 3루로 던지는 것이 거리도 짧고 편하다.

주자는 볼을 잡자마자 스타트해 동일한 거리를 달리기 때문에 거리가 가까운 한편, 2루 주자를 아웃시키기 좋다. 2루 주자가 달려나가면 이 주자를 아웃시키는 포메이션을 취한다.

중견수는 타구를 처리한다.

우익수는 타구 처리를 커버한다.

유격수와 중견수가 3루 베이스 사이에서 중계 플레이 위치를 잡고 기다린다.

2루수는 2루 주자의 베이스 터치를 확인하고 2루 베이스로 들어간다.

1루수는 홈으로 던질 수도 있기 때문에 그 중계 플레이 위치로 들어간다.

좌익수는 3루 송구를 커버한다.

투수는 3루와 홈 베이스 사이로 빠져 3루 송구를 커버한다. 홈으로 던졌을 때는 홈을 커버한다.

포수는 앞으로 나와 송구를 지시한다.

1사 2, 3루, 3루로 던졌을 때 3루 주자의 홈인보다 먼저 2루 주자를 아웃시키면 점수를 주지 않는다.

플라이 볼을 포구하여 3루로 송구하는 중견수와 2루 주자의 베이스 런닝을 확인하는 2루수

중견수 플라이(무사 또는 1사, 주자2, 3루)

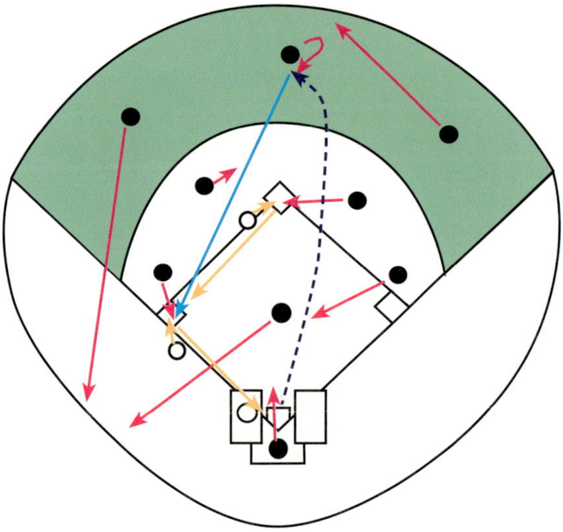

2루 주자를 살려주지 않는 우익수 플라이 때의 수비

정상 위치보다 오른쪽으로 치우친 플라이볼은 3루로 던진다. 왼쪽으로 치우친 볼은 홈으로 던진다.

2루 주자를 태그하는 3루수

우익수 플라이(무사 또는 1사, 주자2, 3루)

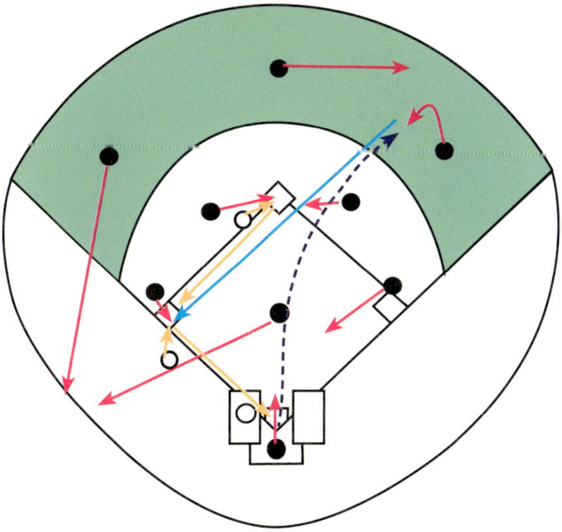

아웃시킬 수 있는 베이스로 송구.

1점을 주어도 좋은 경우의 우익수 플라이 볼은 홈을 고집하지 말고 아웃시킬 수 있는 곳으로 송구한다.

정상 위치보다 오른쪽으로 흐른 플라이볼은 3루에, 왼쪽으로 흐른 볼은 홈으로 송구하는 것이 거리가 짧아 아웃시키기가 좋다.

3루로 던질 때의 포메이션에서는 **우익수**가 잡는 것이 좋다.

중견수는 타구 처리를 커버하러 가면서 송구를 지시한다.

2루수가 3루송구에서의 중계 플레이를 한다.

유격수는 2루 베이스로 들어간다.

3루수는 3루 베이스로 들어간다.

유격수, 3루수는 주자의 베이스 리드를 확인한다.

1루수는 백 홈에 대비하여 홈 베이스의 중간 위치에 자리 잡고 3루로 던졌다면 다음 플레이를 위해 홈 베이스를 커버하러 간다.

좌익수는 3루 송구를 커버한다.

투수는 3루와 홈 사이로 빠져 3루 송구를 커버한다. 홈으로 던진다면 홈 베이스를 커버한다.

포수는 앞으로 나와 송구를 지시한다.

3루 송구를 중계 플레이 하는 2루수

3루 송구를 커버하는 투수와 좌익수

07 3/3

주자가 2, 3루 일 때

런다운 플레이(2, 3루간)

2루 주자를 3루에 묶어두고 3루 주자를 뒤쫓아 가 3루와 홈 사이에서 아웃시킨다.

2루 주자를 협공하게 되었다면 3루와 홈 사이에서 런다운 플레이를 한다.

투수의 견제구, 또는 장타를 맞은 경우에 2루 주자를 2, 3루 사이에서 협공할 경우가 생긴다.

이 경우에 볼을 가진 2루수는 2루 주자를 전력으로 3루 쪽으로 밀어 붙인다.

3루 주자를 밀어내어 3루와 홈 베이스 사이에서 런다운 플레이를 펼친다.

2루수는 3루 주자를 밀어내고 홈으로 송구한다.

3루수가 3루 베이스로 들어간다.

투수가 홈 베이스를 커버한다.

유격수는 3루 베이스를 커버한다.

1루수는 홈 베이스를 커버한다.

포수는 송구를 잡은 후 3루 주자를 3루 베이스 쪽으로 전력을 다해 뒤쫓아 3루 주자와 2루 주자 양쪽을 전부 터치한다.

3루 베이스 위에서 양 주자를 태그했다면 2루 주자가 아웃이기 때문에 3루 주자가 베이스에서 떨어지면 재차 태그한다.

좌익수는 3루 송구를 커버한다.

중견수, 우익수는 2루 송구를 커버한다.

2루 주자를 3루 베이스로 몰아 붙이는 2루수

2, 3루 간의 런다운 플레이(주자2, 3루)

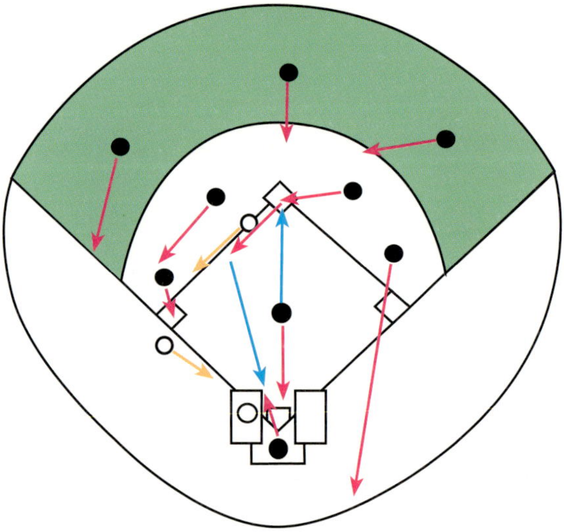

런다운 플레이(3루와 홈 사이)

3루 주자를 3루 베이스에 묶어놓고 3루 베이스 위에서 두 주자를 태그.

3루 주자와 2루 주자를 태그하는 포수

2루 주자가 3루 베이스에 도달했다면 볼을 던지지 말고 태그한다.

스퀴즈번트를 저지하과 3루와 홈 베이스 사이에서 런다운 플레이를 하는 경우가 많다.

포수는 3루 주자를 전력으로 뒤쫓아 가 2루 주자가 3루 베이스에 도달했다면 볼을 던지지 말고 3루 주자를 몰아놓고 두 주자를 3루 베이스 위에서 터치한다.

수준 높은 플레이는 3루 주자를 묶어놓으면서 2루 주자가 3루 베이스에 당도하면 3루에 송구하여 먼저 2루 주자를 아웃시킨다.

더욱이 3루와 홈 베이스 사이에서 협공하여 3루 주자를 아웃시킨다.

3루수가 3루 베이스로 들어간다.
투수가 홈 베이스로 들어간다.
유격수가 3루 베이스로 들어간다.
2루수가 2루 베이스로 들어간다.
1루수는 홈 베이수를 커버한다.
좌익수는 3루 송구를 커버한다.
중견수와 **우익수**는 2루 송구를 커버한다.

3루와 홈베이스 간의 런다운 플레이(주자1, 3루)

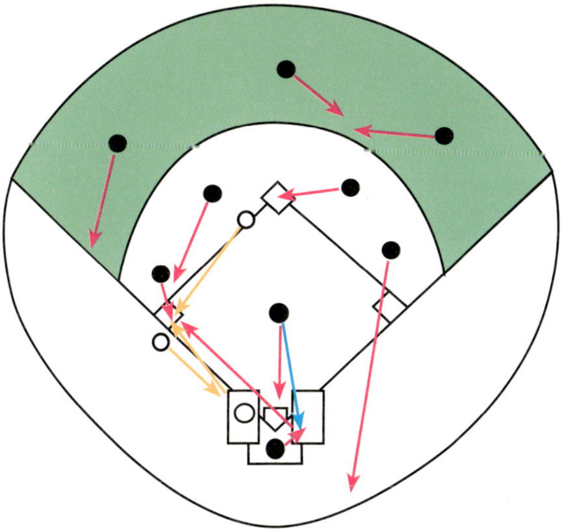

3루 주자를 몰아가는 포수

홈 베이스를 커버하는 투수

08 1/3

주자가 만루 일 때

전진수비의 기본형

내야 땅볼은 홈에서 더블플레이. 외야 플라이는 백 홈.

모두 홈으로 송구.

1점도 주지 않아야 할 때의 내야 땅볼, 외야 플라이는 전부 홈으로 송구한다.

3루수는 3루 베이스 가까이에서 3루 주자의 리드를 주지 않는다. 투수가 투구하면 베이스에서 나와 3루와 유격수 사이를 촘촘하게 막는 수비를 한다.

유격수, 2루수, 1루수는 라인 선상보다 앞으로 나와 수비한다. **포스 플레이**이기 때문에 내야 땅볼은 더블 플레이를 하는데 용이하다.

외야수는 태그 업하는 3루 주자를 아웃시킬 수 있는 위치까지 앞으로 나와 수비한다.

각 루에 주자가 있기 때문에 다음 플레이에 대한 커버링이 중요하다.

내야 땅볼은 **내야수**의 송구, 외야 플라이는 **내야수**의 중계 플레이가 특히 중요하다.

홈 베이스로 송구하는 유격수

타구	투구, 송구	송구2	야수의움직임	주자의움직임

더블 플레이를 노리는 포수

내야 땅볼, 홈에서의 더블 아웃(무사 또는 1사, 주자 만루)

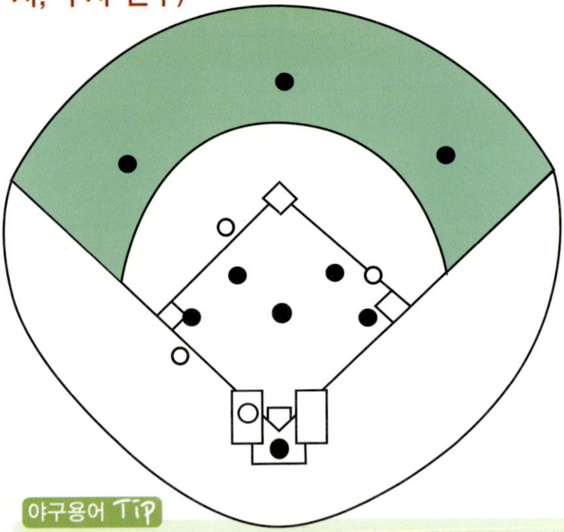

야구용어 Tip

포스플레이 베이스를 차지하고 있던 선행주자가 후발주자나 타자주자에게 베이스를 내어주어야하는 상황에서 벌어지는 플레이를 말한다. 주자는 자신이 원래있던 베이스로 돌아갈수 없고, 무조건 진루해야 하는 상황이기 때문에 야수는 주자에게 직접 터치하는 태그아웃을 하지 않아도 송구를 잡은 후 베이스를 밟거나 터치하면 주자는 아웃된다.

중간 수비의 기본형

더블 플레이를 하기 쉬운 곳에서 아웃시켜 아웃 카운트를 늘려간다.

타구를 잡아 홈으로 송구하는 투수

유격수, 2루수 땅볼, 2루 더블 아웃(무사 또는 1사, 주자 만루)

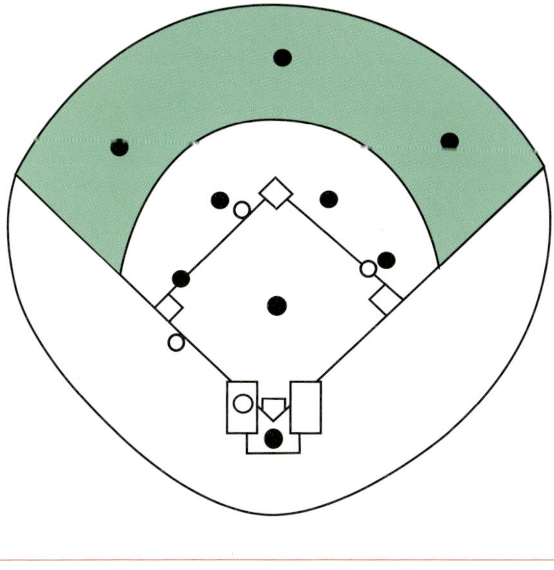

기본은 2루 더블 플레이이지만, 홈에서의 더블 플레이, 1루, 3루 베이스를 밟고 송구할 수도 있다.

아웃 카운트를 늘려가기 쉬울 때는 더블 플레이를 하기 쉬운 방법으로 확실하게 투 아웃을 잡는다.

투수 땅볼은 홈 베이스에서 더블 플레이.

내야 땅볼은 2루에서 더블 플레이하는 것이 기본이지만, 1루 땅볼은 홈에서 더블 플레이. 베이스를 밟고 2루에 송구하기도 한다.

3루 땅볼은 베이스를 밟고 루에 송구, 또는 2루에 송구하기도 한다.

무사일 경우는 2루에서 1루로 다시 송구하여 트리플 플레이도 가능하다.

포수 앞 땅볼은 홈 베이스를 밟고 1루에 송구, 또는 3루에 송구한다.

홈 베이스에서 아웃시킬 수 없을 때에는 3루 송구, 또는 2루에 송구하기도 한다.

3루 베이스를 밟고 1루에 송구하는 3루수

1루 베이스를 밟고 2루로 송구하는 1루수

08 2/3

주자가 만루 일 때

전진수비에서의 유격수 땅볼

홈에서 더블 플레이. 포수가 더블 플레이를 할 수 없을 때에는 1루에 던지는 척하면서 3루에 송구.

확실하게 포구하여 정확하게 송구.

전진수비에서의 유격수 땅볼은 확실하게 포구하여 정확하게 송구하면 더블 플레이를 할 수 있는 가능성이 높다.

유격수가 타구를 처리하여 홈으로 던진다.

포수가 송구를 받아 1루에 다시 던진다. 더블 플레이를 할 수 없을 때에는 1루에 던지는 척하다가 3루에 송구하기도 한다.

1루수는 1루 베이스로 들어간다.

2루수는 2루 베이스로 들어간다.

3루수는 3루 베이스로 들어간다.

좌익수는 3루 송구를 커버한다.

중견수는 타구 처리를 커버한다.

우익수는 1루 송구를 커버한다.

유격수 앞 땅볼을 잡아 홈으로 송구하는 유격수

홈 송구를 포구하는 포수

유격수 앞 땅볼, 홈에서 더블 아웃(무사 또는 1사, 주자만루)

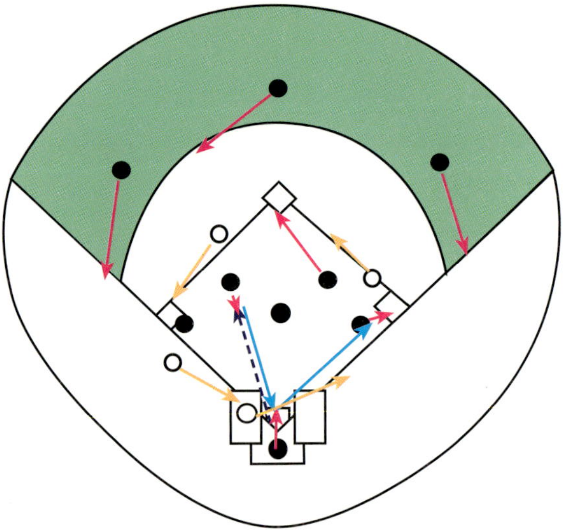

중간 수비에서 유격수 땅볼

2루에서 더블 플레이하여 아웃 카운트를 늘려간다.

유격수 앞 땅볼을 포구하여 2루 베이스에 토스하는 유격수

유격수 앞 땅볼, 2루 더블 플레이(무사 또는 1사, 주자만루)

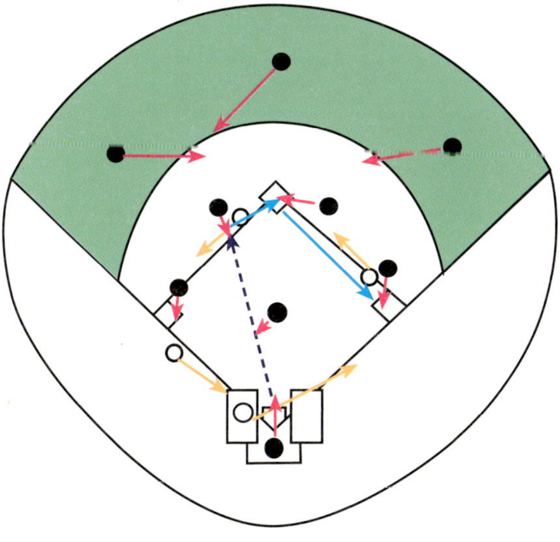

통상적인 2루 더블 플레이 코스.

중간 수비에서 유격수 앞 땅볼은 통상적인 더블 플레이 코스. 확실하게 아웃 카운트를 잡는다.

유격수가 타구를 처리하고 2루에 송구한다.

2루수가 송구를 받아 1루에 던진다.

1루수는 1루 베이스로 들어간다.

3루수는 3루 베이스로 들어간다.

좌익수, 중견수는 유격수의 타구 처리를 커버한다.

우익수는 2루 송구를 커버한다.

2루수로부터 1루에 송구할 때 뒤 커버가 없기 때문에 2루수는 확실하고 정확하게 송구한다.

1루에 송구하는 2루수

2루로부터의 송구를 포구하는 1루수

유격수의 타구처리를 커버하는 중견수

08 3/3

주자가 만루 일 때

1루수 뒤쪽의 플라이 볼

2루수가 포구하는 것보다는 우익수가 포구하는 것이 확실하고 송구하기 쉽다.

우익수 또는 2루수가 잡는다.

1루수 뒤쪽에 떨어지는 플라이 볼은 2루수가 잡는 것보다는 우익수가 잡는 것이 더 좋다. 그리고 송구하기도 쉽다.

우익수가 잡으면 3루 주자는 홈으로 파고들기 어렵다.

우익수가 잡지 못하면 1루수가 잡는 것보다는 2루수가 잡는 것이 좋다. 2루수가 잡으면 포구 자세가 허물어지는 경우가 많기 때문에 포구한 다음에 바로 홈으로 던질 자세를 취하기 어렵다.

우익수나 **2루수** 중에서 한 쪽이 타구를 처리한다. 한 쪽이 송구에 대한 지시를 한다.

1루수가 중계 플레이를 한다.

유격수가 2루 베이스를 커버한다.

3루수가 3루 베이스로 들어간다.

투수는 홈 송구를 커버한다.

좌익수는 3루 송구를 커버한다.

포수는 앞으로 나와 지시를 내린다.

우익수(우)에게 맡기는 1루수

우익수의 타구처리를 커버하는 중견수

주자의 진루에 대비한다(무사 또는 1사, 주자 만루)

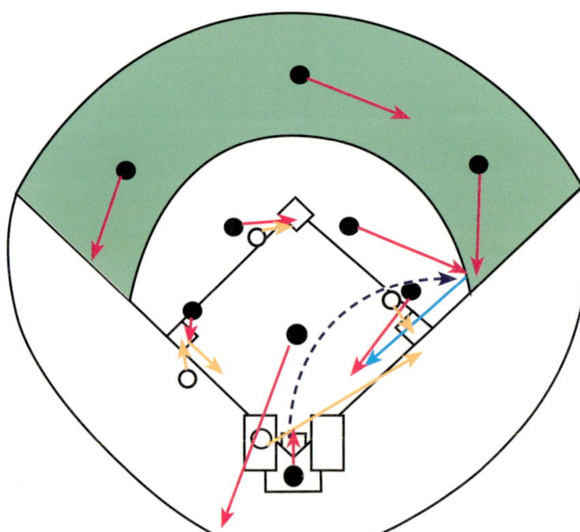

3루수 뒤쪽의 플라이 볼

좌익수에게 맡긴다. 좌익수가 잡을 수 없을 때에는 유격수가 잡는다. 3루는 홈 송구를 중계 플레이한다.

앞으로 달려나와 포구하는 좌익수

주자의 진루에 대비한다(무사 또는 1사, 주자 만루)

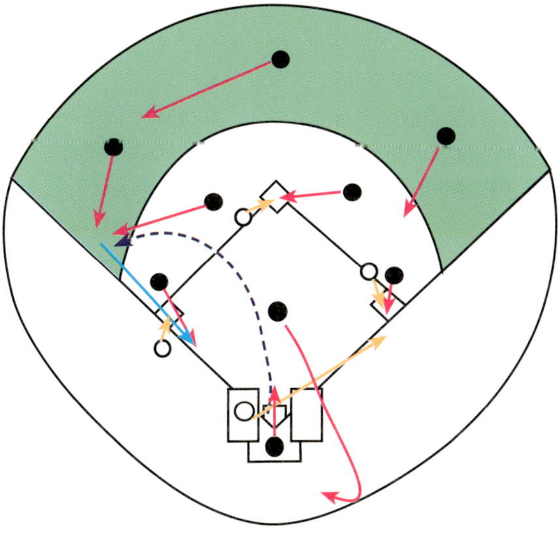

좌익수 또는 유격수가 잡는다.

3루수 뒤쪽에 떨어지는 플라이 볼은 유격수가 잡는 것보다 좌익수가 잡는 것이 좋다. 그 이유는 잡기도 쉽지만 던지기도 쉽다.

좌익수가 잡을 수 없다면 유격수가 잡는다. 포구했다면 바로 주자가 뛰는 것에 대비하여 홈으로 송구할 자세를 취한다.

좌익수, 유격수 중에서 한 사람이 타구를 처리하고, 나머지 사람은 송구에 대한 지시를 내린다.

3루수가 홈 송구를 중계 플레이한다.

2루수는 2루 베이스로 들어간다.

투수는 홈 송구를 커버한다.

포수는 앞으로 나와 지시한다.

타구를 쫓는 좌익수(좌)와 유격수

2루 베이스로 들어가는 2루수

좌익수 쪽으로 가까이 달려가, 포구 지시를 하는 유격수

전술/전략을 배우는

야구스킬 크리닉

수비 포메이션 편

저　자 니시이 데츠오西井 哲夫, 오타가와 시게키大田川 茂樹

감　수 허구연, 안희남

역　자 사)한국티볼협회

발　행 이원길

발행처 도서출판 21세기교육사

주　소 100-400 서울 중구 퇴계로 293-1 원진프라자 3층

전　화 02-2269-6561(대)

팩　스 02-2269-6568

이메일 21publish@naver.com

블로그 www.21publish.info

등　　록 1991년 2월 12일 제 1-1128호

초판 발행 2013년 3월 20일

초판 인쇄 2013년 3월 24일

가격 15,000원

ISBN 978-89-6131-029-1 93600